VENENOS E ANTÍDOTOS
ENSAIOS SOBRE A CLÍNICA JUNGUIANA E MITOLOGIA GREGA

Catalogação na Fonte
Elaborado por: Josefina A. S. Guedes
Bibliotecária CRB 9/870

B222v
2019
Baptista, Sylvia Mello Silva
   Venenos e antídotos: ensaios sobre a clínica junguiana e mitologia grega
Sylvia Mello Silva Baptista. - 1. ed. - Curitiba: Appris, 2019.
   221 p. ; 23 cm

Inclui bibliografias
ISBN 978-85-473-2469-8

1. Psicanálise. 2. Mitologia grega. I Título. II. Série

CDD – 150.1954

Livro de acordo com a normalização técnica da ABNT

Editora e Livraria Appris Ltda.
Av. Manoel Ribas, 2265 – Mercês
Curitiba/PR – CEP: 80810-002
Tel: (41) 3156 – 4731
www.editoraappris.com.br

Appris
editora

Printed in Brazil
Impresso no Brasil

Sylvia Mello Silva Baptista

VENENOS E ANTÍDOTOS
ENSAIOS SOBRE A CLÍNICA JUNGUIANA E MITOLOGIA GREGA

Editora Appris Ltda.
1.ª Edição – Copyright© 2019 dos autores
Direitos de Edição Reservados à Editora Appris Ltda.

Nenhuma parte desta obra poderá ser utilizada indevidamente, sem estar de acordo com a Lei nº 9.610/98. Se incorreções forem encontradas, serão de exclusiva responsabilidade de seus organizadores. Foi realizado o Depósito Legal na Fundação Biblioteca Nacional, de acordo com as Leis nos 10.994, de 14/12/2004, e 12.192, de 14/01/2010.

FICHA TÉCNICA

EDITORIAL	Augusto V. de A. Coelho
	Marli Caetano
	Sara C. de Andrade Coelho
COMITÊ EDITORIAL	Andréa Barbosa Gouveia (UFPR)
	Jacques de Lima Ferreira (UP)
	Marilda Aparecida Behrens (PUCPR)
	Ana El Achkar (UNIVERSO/RJ)
	Conrado Moreira Mendes (PUC-MG)
	Eliete Correia dos Santos (UEPB)
	Fabiano Santos (UERJ/IESP)
	Francinete Fernandes de Sousa (UEPB)
	Francisco Carlos Duarte (PUCPR)
	Francisco de Assis (Fiam-Faam, SP, Brasil)
	Juliana Reichert Assunção Tonelli (UEL)
	Maria Aparecida Barbosa (USP)
	Maria Helena Zamora (PUC-Rio)
	Maria Margarida de Andrade (Umack)
	Roque Ismael da Costa Güllich (UFFS)
	Toni Reis (UFPR)
	Valdomiro de Oliveira (UFPR)
	Valério Brusamolin (IFPR)
ASSESSORIA EDITORIAL	Bruna Fernanda Martins
REVISÃO	Cristiana Leal Januário
PRODUÇÃO EDITORIAL	Bruno Ferreira Nascimento
ASSISTÊNCIA DE EDIÇÃO	Suzana vd Tempel
DIAGRAMAÇÃO	Bruno Ferreira Nascimento
CAPA	Thereza Almeida
COMUNICAÇÃO	Ana Carolina Silveira da Silva
	Carlos Eduardo Pereira
	Igor do Nascimento Souza
LIVRARIAS E EVENTOS	Milene Salles | Estevão Misael
GERÊNCIA COMERCIAL	Eliane de Andrade
GERÊNCIA DE FINANÇAS	Selma Maria Fernandes do Valle

Aos meus pacientes que, com sua presença e confiança, ensinaram-me a escuta cuidadosa e o olhar respeitoso ao outro que nos habita.

Aos meus analistas, que entraram comigo nos caminhos escuros da alma.

Aos meus alunos, que me incentivaram a continuar vertendo para o papel as ideias discutidas em sala de aula.

Aos meus amigos, a quem sempre recorri para primeiras e preciosas leituras.

Aos meus filhos, sempre.

AGRADECIMENTOS

Agradeço, de coração, às minhas amigas Ana Célia Rodrigues de Souza e Bete Christofoletti, que como irmãs da vida me acompanham e incentivam-me em todos os passos em direção ao mais profundo em mim.

Agradeço à Maria Helena Mandacaru Guerra, amiga e profissional talentosa, pela constante acolhida de minhas ideias.

Agradeço a Marcos Fleury de Oliveira, outro amigo querido, cujo olhar me fez acreditar no valor do meu produto e na importância do compartilhar.

Meu muito obrigada a Gustavo Barcellos, pela generosidade em manifestar com palavras poéticas, como é de seu feitio, suas impressões sobre os temas e imagens que este livro carrega.

Sou especialmente grata à Maria do Rosário Porto, que com sua presença, ao mesmo tempo forte e amorosa, ensina-me a pensar a psique por perspectivas inusitadas. Chegamos a lugares familiares por caminhos distintos, e o encontro é fértil e bom!

Agradeço a todos que, mesmo de modo invisível aqui nesta lista de agradecimentos, em algum momento dedicaram uma palavra ou um gesto de elogio ou crítica ao que expus, e cujos comentários enriqueceram meu olhar e fomentaram novas reflexões.

Agradeço à Editora Appris, pela confiança na qualidade dos ensaios.

PREFÁCIO

É com grande prazer que apresento o livro de Sylvia Mello Silva Baptista, intitulado *Venenos e Antídotos: ensaios sobre a clínica junguiana e mitologia grega*, resultado de um importante trabalho de pesquisa e de reflexão desenvolvido em diferentes momentos de sua prática como psicóloga clínica de linha junguiana e, ao mesmo tempo, como pesquisadora da mitologia grega.

Esse interesse em juntar os dois campos de conhecimento e de ação não se dá por acaso (C. G. Jung já o propusera em seus escritos), mas da convicção de que utilizar narrativas míticas – em especial a figura de deuses e heróis que as povoam – para tentar entender a história pessoal de seus pacientes é uma eficiente metodologia de trabalho clínico.

É isso que Sylvia deseja mostrar em seu livro. São 15 textos escritos entre 2001 e 2017, alguns publicados nas revistas *Junguiana* e *Jung&Corpo*, outros apresentados em congressos, cada qual com um tema que advém quase sempre de questões que se apresentam no consultório e as quais, conforme a autora, à luz do estudo dos mitos permitem um tratamento e um encaminhamento mais adequado e eficiente. Uma boa jornada, cujos resultados, ainda provisórios como toda jornada deve ser, permitem revisitar um caminho de reflexão e de ação que a autora vem realizando em seu fazer profissional e de pesquisadora.

Já o título *Venenos e Antídotos* desperta-nos inevitavelmente para a leitura. A um leitor desavisado e ainda influenciado por um viés cultural que domina nossa modernidade e que pretende restringir, classificar, colocar em nichos específicos conceitos e ideias, possivelmente poderá parecer que se trata de um livro de farmacologia. Entretanto o subtítulo *Ensaios sobre a clínica junguiana e mitologia grega* encarrega-se de colocar a leitura nos trilhos adequados.

Uma observação inicial que considero importante fazer é a de que, em todos os textos, apresenta-se a necessidade de a autora provocar uma "mudança de olhar" relativa ao seu campo de pesquisa e de ação. Atitude, aliás, que percebo que vem cada vez mais tomando forma entre os estudiosos da área da psicologia profunda, talvez devido a um sentimento de vácuo interpretativo, a uma "intuição" de que os modelos teóricos usualmente utilizados vêm se esgotando e se tornando inadequados para explicar a complexidade da psique humana e seus reflexos sobre a concretude de uma existência cada vez mais complexa e plural.

Os mitos conduzem-nos quase sempre à figura do herói e de sua jornada, tal como propõe Joseph Campbell. Assim é que o herói apresenta-se nos textos de Sylvia, de modo explícito ou como marca d'água, encaminhando para uma questão fundamental da análise junguiana: a necessidade de cada qual empreender sua própria jornada como um processo de transformação da consciência, em busca de um contato profundo do eu com o si-mesmo. Assim, o herói é o arquétipo da superação, da transposição de limites, da confrontação com os conteúdos do inconsciente. E o mito do herói é o mito da transformação, do reencontro consigo mesmo.

Daí é que a autora relata-nos que, se continuarmos presos às amarras (ou aos complexos) de nosso inconsciente, o "veneno" cumpre seu papel na nossa vida, manietando-nos, entorpecendo, paralisando-nos para a ação. A autora nos dá exemplos, tais como os apegos exagerados, o medo do abandono, as simbioses, os grilhões familiares, o amor abusivo.

Por outro lado, se conseguirmos empreender nossa jornada heroica, não importa se "para fora", para o mundo, tal como Guilgamesh, o herói soberbo, e os heróis *triscksters* de Jorge Amado, ou "para dentro", rumo ao inconsciente, como Core-Perséfone e Édipo, provavelmente ao fim e ao cabo (sempre provisórios porém) teremos conseguido nos aproximar da completude de nossa alma, tal como a entende James Hillman. Teremos encontrado o "antídoto" adequado.

Por sua vez, deuses e deusas que costumam povoar os mitos são figuras arquetípicas, cujas características e ações são metáforas do ser humano, de como ele pensa, sente e age. Quando unimos a caracterização de um deus com um ser humano portador de uma tipologia mítica que o aproxima dessa deidade, conforme nos conta a autora, "obtemos dados preciosos a respeito do seu padrão de funcionamento, tendo a mítica a nos ampliar as maneiras de encarar os caminhos que se deslindam para aquele indivíduo, ao mesmo tempo tão singular e tão coletivo". E acrescenta: "Isso nos aponta para a possibilidade de nos pensarmos, enquanto expressões arquetípicas encarnadas, de modos bastante plurais ao longo de nossa jornada". Mais ainda, aponta para a riqueza dessa linha de análise adotada por Sylvia.

E como figura arquetípica que nos coloca em movimento eis a presença potente do deus Hermes, capaz de unir os três mundos em nós, Olimpo, Terra e Ínferos, que nos desperta a consciência reflexiva – ou hermética segundo a autora –, para participar das transmutações alquímicas que nos proporciona, nas palavras de Sylvia, "sair da condição de vítimas do destino para cumprirmos não a maldição, mas o destino humano da individuação", de uma forma mais integrada e completa.

Neste livro, Sylvia mostra-nos também que, como um Hermes relativamente à sua capacidade de transitar pelos diferentes reinos sem ser aprisionado, é possível encarnar essa "missão" hermesiana de funcionar, junto ao paciente, como agente de transformação, como *função transcendente*, auxiliando-o na construção da ponte entre consciente e inconsciente e na integração dos conteúdos advindos desse encontro. E isso ela busca realizar apoiada em uma metodologia e em instrumentos adequados, baseados, como sublinhamos anteriormente, na aproximação da teoria junguiana com a mitologia clássica.

Em conclusão, este é um livro que não pode faltar no acervo bibliográfico de iniciados e leigos, porque, além da qualidade da escrita – clara e precisa – e da interpretação dos dados colhidos, instiga-nos com a propriedade e a importância de questões que nos conduzem à compreensão de temas tão importantes para o campo de ação e de reflexão de Sylvia Mello Silva Baptista e que se expressa no título: a aproximação entre a clínica junguiana e a mitologia grega.

Maria do Rosario Silveira Porto
Faculdade de Educação da USP

APRESENTAÇÃO

Há muitos anos dedico-me a estudar mitologia grega, bem como a refletir sobre a clínica que pratico em meu consultório. O encontro desses dois universos, a sabedoria dos mitos e o mistério da psique, produziram em mim a necessidade *incontinenti* de passar para o papel impressões que se impunham às minhas tentativas de compreensão do que se passa na alma humana. Ao longo desse tempo, escrevi artigos para revistas de psicologia, em especial a revista *Junguiana*, publicada pela SBPA (Sociedade Brasileira de Psicologia Analítica) e a revista *Jung & Corpo*, publicada pelo curso de especialização Jung e Corpo do Instituto Sedes Sapientiae, além de produzir textos para congressos, e outros, mais informalmente, para blogs. Em determinado momento, passei a me perguntar se tal produção poderia conter um fio condutor e comecei a perscrutar os temas que saltavam desses escritos, como quem adentra o estudo de um mito buscando um mitologema, um tema de repetição, algo insistindo em se fazer visível. Encontrei, como numa exposição retrospectiva, uma tendência de meu olhar recair sobre as questões dos abusos psíquicos, das cegueiras, dos enganos, e também das transformações, do movimento, da criatividade, das trocas. Havia ali – como diria Michel Maffesoli[1] – uma unicidade na diversidade, que tentei sintetizar no título: *Venenos e Antídotos*.

Existem situações que nos envenenam, intoxicam-nos, relações que nos trazem sofrimento. Outras nos libertam, arejam, encorajam-nos e acordam nossos heróis interiores. Essas vivências, quando conscientes, tornam-se importantes potências. Nada mais rico do que encontrar nos mitos expressões simbólicas das realidades anímicas. Lemos uma história e identificamos uma metáfora passível de ser reconhecida em uma experiência que tivemos – e que jurávamos ser tão absolutamente pessoal. Pensar a psique juntamente à mitologia abre um leque de possibilidades de compreensão de nós mesmos, além de nos sinalizar modos de encaminhamentos da energia psíquica, antes represada na repetição de padrões sem sentido.

---

[1] MAFFESOLI, M. *O elogio da razão sensível.* Petrópolis: Vozes, 1998.

Além de mitos, fiz uso de poesias, filmes e canções, imagens espalhadas por esse caminho onde o deus Hermes – deus dos viajantes, entre outros tantos epítetos –, fez-se uma constante, como poderão verificar. É a ele que presto minhas profundas homenagens. Foi em honra a essa divindade, sempre comigo, encantando-me e me guiando, que organizei este livro.

A autora

SUMÁRIO

1 | THE NIGHT SEA JOURNEY: UM RECORTE ALQUÍMICO (2001) 17

2 | O RITUAL DA REPETIÇÃO: REPETIR, REFLETIR E TRANSCENDER (2004).... 33

3 | A FUNÇÃO TRANSCENDENTE EM HERMES (2006) 49

4 | GUILGAMESH E O ARQUÉTIPO DO CAMINHO (2009) 59

5 | APEGOS, MEDO E SIMBIOSE (2010) 69

6 | VÍNCULOS VENENOSOS (2011) 81

7 | EX-MÃE, EX-PAI, EX-FILHO: A DATA DE VALIDADE DAS RELAÇÕES (2012) 93

8 | FILOCTETES: A EXPRESSÃO DO ARQUÉTIPO DA VÍTIMA. QUAL A MEDIDA DA DOR? (2013) 105

9 | ÉDIPO, O ABANDONO E A PARANOIA (2013) 123

10 | DESTINO, MALDIÇÃO E LIVRE-ARBÍTRIO (2013) 139

11 | A PALAVRA, A CANÇÃO E A IMAGEM O MALANDRO E A FIDELIDADE NO ENCONTRO DE JORGE AMADO COM JUNG (2014) 147

12 | OS ABUSOS PSÍQUICOS, A INVEJA E A CRIATIVIDADE: O QUE A DEUSA ATENA TEM A NOS ENSINAR (2015) 163

13 | QUANDO O AMOR ROMÂNTICO INTOXICA (2015) 179

14 | ME DÊ UMA MÃO?, OU, QUANDO A AJUDA É DIZER "NÃO" (2016) 191

15 | DEPRESSÃO OU CATÁBASE? REFLETINDO SOBRE PROFUNDEZAS DA PSIQUE DA PERSPECTIVA DOS MITOS DE DEMÉTER, CORE-PERSÉFONE E HÉCATE (2017) 203

GLOSSÁRIO 217

1

THE NIGHT SEA JOURNEY: UM RECORTE ALQUÍMICO (2001)

Esquinas[2]

Djavan

Só eu sei
As esquinas por que passei
Só eu sei
Só eu sei
Sabe lá
O que é não ter e ter que ter
Pra dar
Sabe lá
Sabe lá
E quem será
Nos arredores do amor que vai
saber reparar
Que o dia nasceu
Só eu sei
Os desertos que atravessei
Só eu sei
Só eu sei
Sabe lá
O que é morrer de sede
Em frente ao mar

---

[2] DJAVAN *Esquinas*, CD Lilás, 1984.

Sabe lá
Sabe lá
E quem será
Na correnteza do amor que vai
Saber se guiar
A nave em breve ao vento vaga
De leve e traz
Toda paz
Que um dia o desejo levou
Só eu sei
As esquinas por que passei
Só eu sei
Só eu sei

INTRODUÇÃO

O meu interesse pelo tema da *viagem* tem várias vertentes, mas talvez a mais significativa seja a curiosidade em mim despertada a partir da vivência de consultório. É um clichê na clínica psicológica que cada psicólogo tem determinados "tipos" de pacientes que o procuram indicando muitas vezes temas a serem trabalhados e aprofundados por aquele profissional. Na psicologia profunda junguiana, é totalmente compreensível e possível verificar que o *Self* propõe-nos situações para que entremos em contato com determinados conteúdos que necessitam vir à consciência e, assim, incrementar o crescimento e o desenvolvimento do indivíduo.

Quando observamos coincidências significativas ocorrendo em nossas vidas, é sempre importante que lhes demos atenção. Na vivência clínica, isso muita vezes se dá na recorrência de temas que os pacientes nos propõem e que nos permitem aguçar a nossa "antena" além dos relatos pessoais.

Assim, há psicólogos que "curiosamente" atendem em sua grande maioria, pacientes em estados depressivos, outros que recebem muitas pessoas com quadros de fobia, ou outros que têm mais indicações de adolescentes, e assim por diante. Claro que, para que as indicações sejam de fato instigantes, ou saiam do plano da simples coincidência, descarta-se o fato da fonte de encaminhamentos ser específica, como um profissional que trata de depressão, ou de fobias, ou que trabalha numa instituição para adolescentes.

Mas o fato é que, em minha experiência pessoal, um número significativo de pacientes que chegava até mim das mais variadas fontes, trazia a questão da *viagem* implicada em sua história. Pessoas que foram para fora do País viver experiências profissionais, pessoas que iniciaram seus processos e em seguida receberam propostas de mudança de cidade, pessoas que viajam para vir à sessão. *Viagens*. Sempre algum deslocamento que diz respeito à mudança.

O tema começou a fascinar-me pela amplitude que alcança. A própria Psicologia está intimamente ligada à nossa capacidade de "viajar" na mente do outro, a visitar e descobrir novos territórios da alma humana. Quando falamos em *viagem,* automaticamente nossa tendência é de prontidão para nos transportarmos no tempo e no espaço. A nossa identidade é fruto do cruzamento dos vetores tempo e espaço. Portanto, por mais cartesiano que possa soar, a *viagem* é uma experiência que diz respeito à identidade. Interessou-me inicialmente olhar para a viagem concreta e a sua possibilidade efetiva de interferência na construção da identidade e como fator fundamental no processo de transformação do indivíduo.

A VIAGEM CONCRETA

Comecemos por esta alteração espaço-temporal. Quando viajamos, vamos de um lugar a outro num deslocamento espacial que pode se dar de "n" formas. A mudança de lugar abre sempre a oportunidade de entrada em contato com algo novo: uma nova cidade, uma nova geografia, um novo país, uma nova cultura, novos hábitos. Mesmo que se viaje para um lugar já conhecido, cada experiência é única, e aquela cidade estará modificada: ou viajou-se na primavera e agora é outono, ou com uma companhia e agora se está só; enfim, a *viagem* tem essa propriedade que é tão humana, de trazer em si sempre a possibilidade do novo, do diferente, do único.

Mudei de lugar, mudei de rotina. A quebra de rotina é algo fascinante na vivência do viajante. É muitas vezes o que ele mais busca. E novamente voltamos ao "novo", já que sair da rotina nada mais é do que romper com a monotonia do cotidiano repetitivo.

É interessante notar que o impulso do homem para estabelecer uma rotina é algo muito intenso, subcutâneo eu diria; pois, mesmo quando saímos da rotina conhecida, numa viagem, acabamos por estabelecer uma nova. A rotina está implicada com o ritmo, com o nosso pulsar na vida e é uma referência importante que dá suporte à identidade; permite-nos transitar mesmo no novo, sem que nos esqueçamos de quem somos e onde estamos. É um fator que nos contextualiza. De qualquer forma, o fato de exercermos o papel de construtores de uma nova rotina em um novo ambiente é uma experiência revitalizadora.

Quando se vai para fora do país e pode-se encontrar uma nova cultura, com diferentes hábitos e valores, o efeito é de um impacto inesquecível. Não há nada que nos coloque tão em contato com nossa identidade cultural quanto estar num país estrangeiro. Jung, que fez muitas viagens ao longo de sua vida (América, Norte e Leste da África, Novo México e Índia), nos dá um depoimento interessante sobre a necessidade que temos de olhar nossa própria nação de fora para termos consciência de peculiaridades nacionais:

> Nós sempre precisamos olhar de um ponto de vista externo para pôr em prática a alavanca da crítica. Como, por exemplo, podemos nos tornar conscientes de peculiaridades nacionais se nós nunca tivermos tido a oportunidade de olhar nossa própria nação de fora? Olhá-la de fora significa olhá-la do ponto de vista de outra nação. Através da minha vivência com muitos americanos, e minhas viagens para e na América, eu tive uma quantidade enorme de compreensões (*insights*) sobre o caráter europeu. Sempre me pareceu que não há nada mais proveitoso para um europeu do que uma vez ou outra dar uma olhada na Europa do topo de um arranha-céu.[3]

Em termos psicológicos, trata-se da vivência do diferente. Eu me reconheço como "eu" a partir da minha experiência com o "outro". Na *viagem* o outro é a nação desconhecida, é o cidadão do lugar, é a culinária típica, é a música, a dança, o folclore, a paisagem, a forma como a natureza apresenta-se, a língua, as cores e odores, a vestimenta. A todo momento eu

---

[3] JUNG, C. G. *World and Image*. Princeton: Princeton University Press, 1979. p. 149.

me confronto com os modos de falar, de se comportar, de comer, de trabalhar, de se relacionar deste *outro*. Nesse confronto, ou encontro, melhor dizendo, características minhas vão ficando mais evidentes. Já aí, por si só, o gérmen da ampliação da consciência está presente. Mesmo que o indivíduo não o busque, basta estar aberto a esse intercâmbio de impressões que a experiência pode enriquecê-lo.

VIAJANTE OU TURISTA?

Mas, quem viaja? Para que viaja? Em que momento da vida viaja? Com quem viaja? Questões que fazem toda a diferença. Se a *viagem* é um transportar-se no espaço e no tempo capaz de repercutir nesse eixo formador de identidade, quem sou eu, viajante ou turista? Há que se diferenciar. Posto que a *viagem*, assumida quase como um ente vivo, tem esse poder transformador, nem todos os que viajam o fazem por desejarem mudanças ou ficam atentos a elas. Há quem se recuse a ingressar nessa dimensão do imprevisto, do inusitado que a *viagem* traz e busque garantias de que tudo continuará igual. Há inúmeros artifícios usados como defesa do receio de se perder neste percurso. A diferença entre turista e viajante passa por aí. O estereótipo do turista é o sujeito que sai de seu espaço para conhecer, mas evita grandes mudanças, tentando ao máximo manter hábitos e rotinas que lhe são familiares. O objetivo da *viagem* nem sempre é de fato estar aberto ao novo. Muitas vezes ele realmente "vive" a viagem ao rever as fotos com os amigos. Momentos estáticos, flashes que registram sua passagem e ponto. Às vezes somos viajantes, às vezes, simples turistas.

Se pensarmos na *viagem* como símbolo da abertura do *eu* para o desconhecido, para o *outro*, o diferente, a flexibilidade do ego, a sua "porosidade", nos dirá muito da capacidade de contato profundo, ou não, do indivíduo com o Self. A vida não deixa de ser uma grande *viagem*, e essa imagem já foi usada inúmeras vezes para ilustrar a nossa experiência enquanto seres humanos neste mundo. Nós, tripulantes de uma grande nave. "Navegar é preciso, viver não é preciso..." Com que instrumentos eu posso contar para ser de fato um viajante, e tirar proveito profundamente deste meu caminho?

O olhar é fundamental. E aí esbarra-se em outra faceta não menos instigante. A questão da exposição. Certamente todos já experimentaram uma certa liberdade que se usufrui ao perceber-se como alguém que não está mais circunscrito ao seu meio (micro ou macro) social; um cidadão do mundo e, portanto, livre para ser o que se é. É interessante como algumas pessoas permitem-se viver situações muito diversas das que estão habituadas no seu contexto usual, como se pudessem se experimentar "em outra pele"; brincando com a possibilidade de serem um personagem da própria história, alterando muitas vezes esta história.

A VIAGEM E OS PROCESSOS ALQUÍMICOS

Gostaria agora de convidar o leitor a transportar-se para uma dimensão simbólica e pôr foco numa outra *viagem* de caráter bastante especial: *"The night sea journey"*. A viagem do herói, impelido ao encontro da escuridão num movimento descendente que o levará ao encontro consigo mesmo, com um lado luminoso, caso vença "o dragão".

O herói é uma figura mitológica encantadora pela sua significação psicológica que nos faz enxergá-lo em nós mesmos em tantos momentos de nossas vidas. Assim, sempre que há uma situação de vida que envolva risco, enfrentamento de um perigo ou uma dificuldade, o arquétipo do herói é ativado. Joseph Campbell[4], em entrevista ao jornalista Bill Moyers, nos diz que "a jornada básica do herói é abandonar uma condição, encontrar a fonte da vida e chegar a uma condição diferente, mais rica e mais madura". O que há por trás da tarefa heroica é, sempre, a transformação da consciência.

Jung[5] menciona a *"nigth sea jorney"* ao compará-la à fase alquímica da "imersão no banho", motivo presente no texto medieval *Rosarium Philosophorum*, que trata justamente da imersão no "mar", significando do ponto de vista psicológico *solutio*, em seus dois aspectos: a dissolução, ou seja, a submersão do ego na psique inconsciente, mas também a solução de problemas (este último aspecto atribuído a outro autor, Dorn). Vejo como curiosa essa possibilidade de leitura desse momento e penso que poderíamos

---

[4] CAMPBELL, J. *O Poder do Mito*. São Paulo: Palas Athena, 1992.
[5] JUNG, C. G. *The Practice of Psychotherapy*. Princeton: Princeton University Press, 1985. § 454-455.

considerar que nesta *viagem – nigth sea journey –* , haveria quatro etapas alquímicas envolvidas, ou mais presentes, a meu ver: A *Solutio*, a *Mortificatio*, a *Separatio*, e a *Sublimatio* (que paradoxalmente se aliaria à Re-*coagulatio*). A primeira etapa, é, pois, a descida aos ínferos que se dá pela água.

> A travessia noturna do mar é uma espécie de ´descensus ad inferos´ (descida aos infernos), uma descida ao Hades, uma viagem ao país dos espíritos, portanto a um outro mundo que fica além deste mundo, ou seja, da consciência; é pois uma imersão no inconsciente.[6]

Segundo Campbell[7], o significado mitológico da Baleia (a "nigth sea journey" remete-nos diretamente à história de Jonas e a baleia) é o da personificação de tudo o que está no inconsciente. Entrar na barriga da Baleia é entrar no reino da escuridão. Ela é uma criatura da água e, portanto, está imersa no dinamismo inconsciente, que é sentido como perigoso e que tem que ser controlado pela consciência. A tarefa heroica já se desenha desde aí: Deixar o reino da luz, do conhecido, do controlado, e dirigir-se até o umbral do outro reino, o da escuridão. É ali que o monstro do abismo vem encontrá-lo, diz Campbell. Jung cita Heráclito, concluindo que "Tornar-se água é morte para as almas". Pensando no porquê nós enfrentamos essa descida ao Hades, podemos ver que há ocasiões em que o nosso herói o faz com consciência, sabendo ser necessário o contato com aquele símbolo para dar continuidade ao seu processo. Porém, às vezes, ele é impelido a essa entrada, e sua tarefa heroica parece ser num primeiro momento aceitar a sua nova condição de encharcado em banho de água fria, e aí sim entregar-se à necessária *viagem*.

Neumann lembra-nos de que "ao submeter-se ao incesto heroico, penetrando no inconsciente devorador, a maneira de ser do ego é transformada e ele renasce como "o outro"[8]. E há que se frisar, como o faz Jung, o caráter regenerador deste "incesto". Novamente a imagem da entrada de Jonas na barriga da Baleia vem à mente, ilustrando o caráter incestuoso de volta ao útero materno; mas o que adjetiva essa situação como heroica é

---

[6] JUNG, C. G. *Ab-Reação, Análise dos Sonhos, Transferência*. Petrópolis: Vozes, 1987, § 455.
[7] Ibidem, p. 155.
[8] NEUMANN, E. *História da Origem da Consciência*. São Paulo: Cultrix, 1995. p. 117.

justamente sua meta não defensiva e sim de abertura para o novo, para o imprevisível. Segundo Neumann:

> Na luta do herói com o dragão, trata-se sempre da ameaça do dragão urobórico ao princípio espiritual-masculino, do perigo para este de ser devorado pelo inconsciente maternal. O arquétipo mais amplamente disseminado da luta com o dragão é o mito do sol, em que o herói é devorado todas as noites, no oeste, pelo monstro noturno do mar [...]" nascendo no leste como *sol invictus*, realizando assim seu próprio renascimento.[9]

Há aí um detalhe interessante, que gostaria de ressaltar. Ao entrar no reino da escuridão, a luz com que o herói terá que contar como guia terá de ser gerada de seu próprio interior. Tal qual Tirésias, que na sua cegueira concreta fez-se vidente, terá que confiar numa iluminação de outra ordem; terá que acreditar que "há luz no fim do túnel", terá que deixar-se conduzir com os olhos da alma.

Após a entrada nesta *viagem*, passamos à etapa seguinte, talvez a mais difícil delas, *a mortificatio*. Ela diz respeito a suportar para transformar. De acordo com Edinger, "em termos psicológicos [...] o suportar consciente da treva e o conflito entre os opostos nutrem o Si-mesmo".[10] Chamo a atenção ao fato de a consciência estar presente. Caso contrário, a *solutio* em que o ego estava envolvido causaria apenas, e tragicamente, dissolução. O fermento da transformação é a consciência. Não se trata da compreensão intelectual do que se passa. Aqui estamos no terreno dos paradoxos: compreensão, e sofrimento e dor; desprezado, e valioso, desespero, e fé; fragilidade, e força; nada, e tudo; inconsciência, e consciência; morte, e renascimento. "A *mortificatio* é experimentada como derrota e fracasso. Desnecessário dizer que raramente alguém opta por ter essa experiência."[11] Ao lado disso: "[...] A origem e o crescimento da consciência parecem estar vinculados de maneira peculiar à experiência da morte".[12] Não é à toa que Edinger lembra-se de Jó ao comentar sobre a consciência deste em relação à sua impotência frente à morte, fazendo de sua mortalidade, ao mesmo tempo sua fraqueza

---

[9] Ibidem, p. 126.
[10] EDINGER, E. F. *A Anatomia da Psique*. São Paulo: Cultrix, 1995. p. 182.
[11] Ibidem, p. 189.
[12] Ibidem, p. 185.

e sua força. Digo que não é à toa, porque nesta parte da travessia em que se adentra a escuridão, a paciência é uma grande virtude a se ter como aliada.

Diz Jung: *"Patientia et mora* (paciência e lentidão) são indispensáveis nesse trabalho. Temos que saber esperar. Há trabalho suficiente com a elaboração dos sonhos e dos demais conteúdos inconscientes".[13]

À *mortificatio* diz respeito um tempo desacelerado, que requer a paciência da entrega, da permanência na dor e no silêncio, no recolhimento, tão difíceis para nós que identificamos o trabalho, seja ele interno ou externo, à ação. No escuro, o sentido da visão torna-se de menor valia, e há que se escutar mais do que ver. São 40 dias de provação, lembra Jung[14], citando um alquimista inglês, John Pordage, para que só aí a semente da vida desperte. Há uma quarentena necessária, uma passividade maior que se impõe ao ego nesse período. Supera-se a morte pela firmeza, ou pela persistência, no sentido chinês contido no livro sagrado *I Ching*.

É bom que não nos esqueçamos de que "a sensação de sofrimento e de perda é tão forte que, pelo menos à primeira vista, não parece compensar o ganho criador".[15]

Alvarenga descreve a noite do herói numa cena belíssima e dramática:

> [...] Porém à noite, quando o herói adormece dentro da alma, usufruindo do repouso merecido, o eu descobre que "se comprometeu" demais em fazer coisas "impossíveis" e o desespero vem. O eu "dentro" do corpo se dobra e se encolhe sobre si mesmo tentando diminuir o espaço ocupado pela ufania do herói. O pranto silencioso, no escuro do quarto, povoa a noite. O desejo de ter um colo que o segure e não o deixe partir o atormenta.[16]

É nesse ponto que começamos a adentrar o terreno da *Separatio*.

> Com a existência do ego e da consciência não apenas surge a solidão, mas também o sofrimento, o trabalho, a penúria, o mal, a doença e a morte, na medida em que são percebidos pelo ego. O ego que se sente solitário e, simultaneamente com

---

[13] JUNG, 1987, § 466.
[14] Ibidem, § 512.
[15] NEUMANN, 1995, p. 94.
[16] ALVARENGA, M. Z. O Herói e a Emergência da Consciência Psíquica. *Junguiana*. São Paulo, n. 17, 1999. p. 51.

a descoberta de si próprio, percebe também o negativo e o relaciona consigo mesmo, estabelece uma conexão entre as duas situações e interpreta o seu nascimento como culpa e o sofrimento, a doença e a morte como castigo. [17]

A compreensão da descida aos ínferos e de sua necessidade neste ponto do processo não elimina a dor e a descrença de que haja afinal algum sentido em tudo o que se passa, na vivência de dissolução e morte, de treva e agonia. A experiência de se ir até seu limite denuncia as fronteiras do terreno da *Separatio*, onde os limites dos opostos passam a ser lentamente "de-limitados" e, assim, alguma ordem começa a se esboçar no caos. "Morremos na medida em que não nos distinguimos."[18] Todos os mitos de criação trazem a separação como elemento fundador. O mito do herói também fala de uma diferenciação que aponta para o indivisível, para o indivíduo, para o singular que se destaca do coletivo. Não nos esqueçamos de que o propósito maior por trás dessa *viagem* é a individuação e, portanto, o herói há que se "des-cobrir". E descobre-se quem se é, sendo, vivendo, navegando. É do vislumbre desses paradoxos que vai-se percebendo que "tudo já aconteceu e ainda está por acontecer. Tudo está morto e ainda está por nascer".[19] Começa-se a distinguir que o que morre são valores antigos para dar lugar a novos valores.

O movimento de elevação da saída do herói do mundo das trevas em direção a uma nova luz, a um novo dia, a um despertar, sugere-nos a *Sublimatio*. Na verdade, no encadeamento das etapas alquímicas que Jung apresenta-nos, a *Sublimatio* é anterior à *Mortificatio*, que por sua vez é anterior à *Separatio*. A ideia aqui é justamente nos permitirmos pensar uma nova ordem neste olhar específico à "nigth sea journey", e à elevação da *sublimatio*, eu acrescentaria uma etapa que poderíamos chamar de *re-coagulatio*. Na realidade o termo é usado por Edinger[20] quando este alerta para conteúdos arquetípicos que são incorporados ao ego, ou seja coagulados, de forma distorcida. Há que se recorrer a um processo de destruição e re-coagulação sob circunstâncias mais favoráveis. Essa é a base do trabalho analítico. O que fazemos nós, analistas, que não propor re-coagulações aos

---

[17] NEUMANN, 1995, p. 94.
[18] EDINGER, 1995, p. 221.
[19] JUNG, 1987, § 529.
[20] EDINGER, 1995, p. 116.

nossos pacientes, reescrevendo com eles sua história, reinventando seu passado e seu futuro? Na emergência do herói renovado, a *sublimatio* eleva ao sublime, mas pede a corporiedade da *coagulatio* para a encarnação dos elementos nascedouros.

Ainda a respeito dessa elevação, Neumann esclarece-nos:

> "O mito do herói (é) o mito da autotransformação. [...] O caminho para isso varia, (...mas) o objetivo é sempre o homem superior, a conquista da parte espiritual, luminosa e celeste."; e conclui: "O mito do herói só se cumpre quando o ego se identifica com esse self, ou seja, quando no momento da morte do ego, o apoio celeste se realiza como o seu próprio nascimento divino. Somente essa situação paradoxal, em que a personalidade experimenta a si mesma simultaneamente morrendo e auto-gerando, leva ao nascimento genuíno do homem dúplice integralizado.[21]

CONCLUSÕES

A reflexão sobre essas questões levaram-me de volta a um texto que me foi especialmente significativo em uma "nigth sea journey" por que passei recentemente, e da qual retiro apenas algumas ideias para incrementar essa visão. Nilton Bonder, um rabino do Rio de Janeiro, em seu livro *A Alma Imoral*, trata, entre outras coisas, da necessidade de o homem transgredir além de reproduzir. Une pares de opostos como corpo e alma, traidor e traído, e afirma que "achar-se é construir identidades e desfazer-se delas".[22] Fala da "traição" do ponto de vista da alma, como algo necessário, na medida em que "promove mudanças e mutações e expõe a necessidade de um novo ´bom´ e a subsequente busca de um novo ´correto´".[23] Enfatiza, assim, que "o verdadeiro grande crime do ser humano é que ele pode dar-se ´uma simples volta´ a qualquer momento, mas não o faz"[24], chamando a atenção à nossa possibilidade permanente de reorientação na (e da) vida.

> O Messias que tanto esperamos, e que sistematicamente crucificamos, está vivo em nós esperando a paz da convivência

---

[21] NEUMANN, 1995, p. 186-188.
[22] BONDER, N. *A Alma Imoral*. Rio de Janeiro: Rocco, 1998. p. 69.
[23] Ibidem, p. 80.
[24] Ibidem, p. 81.

de duas características antagônicas que nos compõem. A relação entre a tradição e a traição tem um papel fundamental nesse esforço.[25]

A partir dessas colocações, vemos que o autor toca na questão dos paradoxos, das polaridades de que somos feitos, do Self e de sua intencionalidade que nos impulsiona a um movimento de crescimento, a uma viagem para dentro de nós mesmos, onde a ´traição´, a transgressão do que está posto e paralisado clama por atualizar-se e fazer-se transcendência. Tal traição é arquetípica; desde o Jardim do Éden foi ela que abriu a porta para a luz, a lucidez, a consciência, o *insight*. Falando de uma perspectiva religiosa, Bonder traz-nos também para perto da trajetória do herói que temos em nós.

No entanto, para que esse trajeto faça-se de forma fértil, há que se abrir para a *viagem*. No processo analítico, -uma longa *viagem* a dois- a *"nigth sea journey"* tem lugar cativo. Fazemos as malas, lemos alguns guias, na tentativa de nos prepararmos, mas sabemos que somente a vivência tem a capacidade de nos impactar e nos impregnar com o novo. A tintura alquímica só tinge de fato se houver uma abertura do ego para que ela aja. É o que eu chamo da "porosidade" do ego, qualidade que diz respeito à sua capacidade de absorver conteúdos do meio, deixar-se penetrar, tocar, trocar.

Se na viagem concreta temos a oportunidade de ganhar em subjetividade e sairmos transformados, revendo valores, pontos de vista, olhando a vida de um novo ângulo, redimensionando problemas, reconsiderando amizades e afetos; também, em contrapartida, o percurso interno pode e, ouso dizer, deve implicar mudanças efetivas na vida cotidiana do indivíduo. Como na imagem tão conhecida do Tao, Yin – Yang formam um círculo branco e preto que contém, cada um, em si, o gérmen de seu oposto. Os limites do dentro e do fora, assim, dissolvem-se. A verdadeira *viagem* traz em si não só a promessa, como a concretização de um transformar que abrange todo o indivíduo, rompendo as fronteiras da causalidade e fazendo transbordar o novo em todas as direções. Busquemo-nos, pois.

---

[25] Ibidem, p. 118.

Relógio do rosário

Carlos Drummond de Andrade[26]

Era tão claro o dia, mas a treva,
Do som baixando, em seu baixar me leva

pelo âmago de tudo, e no mais fundo
decifro o choro pânico do mundo,

que se entrelaça no meu próprio choro,
e compomos os dois um vasto coro.

Oh dor individual, afrodisíaco
selo gravado em plano dionisíaco,

a desdobrar-se, tal um fogo incerto,
em qualquer um mostrando o ser deserto,

dor primeira e geral, esparramada,
nutrindo-se do sal do próprio nada,

convertendo-se, turva e minuciosa,
em mil pequena dor, qual mais raivosa,

prelibando o momento bom de doer,
a invocá-lo, se custa a aparecer,

dor de tudo e de todos, dor sem nome,
ativa mesmo se a memória some,

dor do rei e da roca, dor da cousa
indistinta e universa, onde repousa

---

[26] ANDRADE, C. D. *Antologia Poética*. São Paulo: Record, 1993. p. 211-213.

*tão habitual e rica de pungência
como um fruto maduro, uma vivência,*

*dor dos bichos, oclusa nos focinhos,
nas caudas titilantes, nos arminhos,*

*dor do espaço e do caos e das esferas,
do tempo que há de vir, das velhas eras!*

*Não é pois todo amor alvo divino,
e mais aguda seta que o destino?*

*Não é o motor de tudo e nossa única
fonte de luz, na luz de sua túnica?*

*O amor elide a face ... Ele murmura
algo que foge, e é brisa e fala impura.*

*O amor não nos explica. E nada basta,
nada é de natureza assim tão casta*

*que não macule ou perca sua essência
ao contato furioso da existência.*

*Nem existir é mais que um exercício
de pesquisar de vida um vago indício,*

*a provar a nós mesmos que, vivendo,
estamos para doer, estamos doendo.*

*Mas, na dourada praça do Rosário,
foi-se, no som, a sombra. O columbário*

*já cinza se concentra, pó de tumbas,
já se permite azul, risco de pombas.*

REFERÊNCIAS

ALVARENGA, M. Z. O Herói e a Emergência da Consciência Psíquica. *Junguiana*, São Paulo, n. 17, 1999.

ANDRADE, C. D. *Antologia Poética*. São Paulo: Record, 1993.

BONDER, N. *A Alma Imoral*. Rio de Janeiro: Rocco, 1998.

CAMPBELL, J. *O Poder do Mito*. São Paulo: Palas Athena, 1992.

EDINGER, E. F. *A Anatomia da Psique*. São Paulo: Cultrix, 1995.

JUNG, C. G. *World and Image*. Princeton: Princeton University Press, 1979.

_____. *The Practice of Psychotherapy*. Princeton: Princeton University Press, 1985.

_____. *Ab-Reação, Análise dos Sonhos, Transferência*. Petrópolis: Vozes, 1987.

NEUMANN, E. *História da Origem da Consciência*. São Paulo: Cultrix, 1995.

2

O RITUAL DA REPETIÇÃO: REPETIR, REFLETIR E TRANSCENDER (2004)

No Meio Do Caminho

Carlos Drummond de Andrade[27]

No meio do caminho tinha uma pedra
Tinha uma pedra no meio do caminho
Tinha uma pedra
No meio do caminho tinha uma pedra.

Nunca me esquecerei desse acontecimento
Na vida de minhas retinas tão fatigadas.
Nunca me esquecerei que no meio do caminho
Tinha uma pedra
Tinha uma pedra no meio do caminho
No meio do caminho tinha uma pedra.

A Pedra

Manoel de Barros[28]

Pedra sendo
Eu tenho gosto de jazer no chão.
Só privo com lagarto e borboletas.
Certas conchas se abrigam em mim.

---

[27] ANDRADE, C. D. *Antologia Poética*. Rio de Janeiro: Record, 1998.
[28] BARROS, M. de *Tratado Geral Das Grandezas Do Ínfimo*. Rio de Janeiro: Record, 2001.

De meus interstícios crescem musgos.
Passarinhos me usam para afiar seus bicos.
Às vezes uma garça me ocupa de dia.
Fico louvoso.
Há outros privilégios de ser pedra:
a – Eu irrito o silêncio dos insetos.
b – Sou batido de luar nas solitudes.
c – Tomo banho de orvalho de manhã.
d – E o sol me cumprimenta por primeiro.

INTRODUÇÃO

Repetição
Petição
Tição
Fogo
Calor
Luz
Consciência
Qual o pedido ou súplica que se esconde na re-petição?

O tema que quero abordar neste capítulo é o da Repetição. Se a princípio ele pode trazer uma impressão de mesmice ou mesmo de aborrecimento, nele se esconde o paradoxo do novo e do criativo. Para explorar essas dimensões aí contidas, convido alguns personagens míticos para encenar algumas questões. Estarão conosco Narciso e Eco, Hera e Zeus, Sísifo, e Hermes, além de uma breve aparição de Core-Perséfone.

O objeto de minha reflexão será, portanto, a Repetição do ponto de vista psicopatológico e criativo, visto através das lentes de Hillman e Patrícia Berry, e tendo como ilustração algumas passagens mitológicas, com ênfase em Eco e Narciso.

Interessou-me olhar com mais cuidado alguns detalhes do mito de Narciso e Eco, uma vez que chamou-me a atenção o quanto este se popularizou somente no que diz respeito a Narciso e suas penas. É curioso como a psique coletiva parece às vezes recortar a história ou o mito e sacar-lhe um pedaço, fato que também ocorre com o tão central mito de Édipo, que é contado geralmente somente até o ponto de sua cegueira e desterro. Uma vez "castigado", Édipo não mereceria maior atenção?

Eco ficou por muito tempo esquecida; ficou sem eco. Até ser recuperada por Patricia Berry, em seu artigo *"Echo and Beauty"*[29], que me serviu de estopim para refletir sobre algumas questões. Numa cultura tão absurdamente narcísica, não é de se estranhar que o foco se dê todo sobre o filho de Liríope. No entanto a inclusão de Eco amplia-nos enormemente a compreensão do que está expresso no mito. Como o aspecto a ser sublinhado é a repetição, Eco é quem nos dá maior substrato – ou pelo menos o faz mais explicitamente. A Narciso caberia mais a estagnação, também contida na repetição, mas de uma outra forma.

O mito já nos conta de antemão que tratará de questões ligadas à identidade. Sabemos disso se o olharmos, tal qual um sonho inicial que profetiza o processo analítico: Liríope vai a Tirésias saber do sábio profeta se seu filho recém-nascido viveria muitos anos, preocupada com a beleza excessiva da criança. Como sabem, a beleza era um atributo valorizadíssimo pelos gregos e passível de ser encontrada também entre os humanos, desde que nunca ultrapassasse o métron (a medida permitida) e trouxesse a *hýbris* (o descomedimento). Essa ultrapassagem era recebida pelos deuses como grave ultraje e ofensa, passível de punição. Diz Tirésias a Liríope: "Sim (ele viverá até idade avançada), se ele nunca descobrir a si mesmo".[30]

Assim, o mito toca no ponto nevrálgico e central de todo o campo da mitologia, desde Adão e Eva que ousaram provar do fruto da árvore do conhecimento, perdendo para sempre o paraíso e ganhando em troca a consciência e todas as suas consequências.

A Narciso é, pois, expressamente interditado, caso queira a longevidade, aquilo que pende invisível nos portais de nossos consultórios, uma vez que nosso ofício não é outro senão convidar o paciente a fazer uma longa jornada que tem como contraponto a morte. A morte de um "eu" gasto

---

[29] BERRY, P. A Paixão de Eco. In: *Echo's Subtle Body – Contributions to an Archetypal Psychology*. Dallas: Spring Publications, 1982.
[30] OVÍDIO. *Metamorfoses*. São Paulo: Madras, 2003, livro três. p. 61.

e neurótico, desenergisado e aprisionado, sem perspectiva ou saída. Um indivíduo que, como Dorian Gray, aprisiona-se em si mesmo, na tentativa vã de não morrer, mas matando em si toda a possibilidade do vínculo e da vida. Para estancar a morte, morre.

Em seu artigo *"Narcisismo: Considerações Atuais"*, Raquel Montelano aponta para a necessidade de resgate da parte preterida do mito. Diz ela: "A disfunção do ecoísmo é tão importante na patologia quanto a do narcisismo. Eco, porém, ficou esquecida. A psicologia parece ter se identificado com o Eu e delegado ao outro a condição de objeto".[31]

E mais tarde conclui: "Assim como o mito apresenta o relacionamento Eco e Narciso através da complementaridade, nós também não devemos separá-los".[32]

NARCISO E ECO: O MITO

Junito Brandão[33] falará ampla e poeticamente a respeito do mito. Conta-nos que Narciso permanece insensível ao amor das jovens e ninfas. Eco, ninfa tagarela, encobre Zeus numa de suas traições, distraindo Hera. Hera, no entanto, desconfia e condena Eco a não mais falar. Repetiria tão somente os últimos sons das palavras que ouvisse. Eco apaixona-se por Narciso e o segue sem se deixar ver, envergonhada que estava de sua condição. Ao se distanciar dos amigos enquanto caçava, Narciso grita por eles e Eco repete. Enche-se de coragem, ao arder de paixão, e mostra-se a Narciso que a repele friamente. Tal foi sua dor que se isolou e se fechou em imensa solidão, deixou de se alimentar e definhou, transformando-se num rochedo. As ninfas pedem vingança a Nêmesis, a deusa do comedimento e da justiça, e esta condena Narciso a amar um amor impossível. Narciso, sedento num dia de verão, debruça-se nas águas da fonte de Téspias e vê-se; e dali não pôde mais sair, apaixonando-se pela própria imagem. Nêmesis cumprira a maldição. A *hýbris* que Narciso comete, diz Junito, é a violência contra Eros, contra o amor-objeto e contra o envolvimento erótico com o outro.

---

[31] MONTELANO, R. P. Narcisismo: Considerações Atuais. *Junguiana*, 14, 1996. p. 88.
[32] Ibidem, p. 90.
[33] BRANDÃO, J. S. *Mitologia Grega*. v. 3. Petrópolis: Vozes, 2002.

O desprezo de Narciso por Eco, que a levou a definhar, foi considerado por Nêmesis como injusto, apontando para o fato de que, no encontro Narciso-Eco, havia algo de criativo, de vivo, desprezado por Narciso, gerando assim morte. O símbolo da morte está muito presente nesse mito. Ambos, Narciso e Eco, morrem, mas sem nenhuma transformação interna. Eco perde a consistência, descorporifica-se, volta ao pó, ou à pedra que outrora fora. Narciso aprisiona-se e se imobiliza até a morte, sem transformar nada tão pouco; mas ambos trazem o gérmen do novo enquanto possibilidade. Como lembra Patrícia Berry[34], Eco, ao distrair Hera, tornou possível que Zeus fecundasse uma ninfa. Não há na mítica menção a quem nasce desse encontro, orientando-nos para a compreensão de que o que importa é o campo fértil que se constelou com sua atitude. Eco não tem o poder de originar, de gerar, mas torna isso possível.

Podemos pensar que o mesmo se dá com Narciso. Ao ser transfigurado em flor, prenuncia uma grande transformação quando do encantamento de Core pelo narciso que a leva a ser raptada por Hades, iniciando assim um grande trajeto que desembocará na sua mudança para Perséfone. A mudança de nome de Core para Perséfone indica uma transformação irreversível na identidade. Aí também Core se flete, tal qual Narciso, para um movimento que implicará um conhecer-se a si mesma. Discordo de Junito Brandão quando afirma que "Por Narciso se perdeu Eco e por narciso se arruinou Perséfone".[35] Vejo não a ruína de Perséfone neste movimento, mas sua entrada na viagem interna que a fará figura importante no mundo dos mortos e central nos Mistérios de Elêusis –religião pré-cristã dos gregos, onde eram celebrados rituais de renovação da vida após a morte, tendo Perséfone como figura símbolo. É preciso que se tenha em mente a diferença entre sequestro e rapto, sendo este último consentido. Ainda a respeito do processo de desenvolvimento na passagem de Core a Perséfone, Robert Graves em *Os Mito Gregos* afirma que "Cora é o símbolo do trigo ainda verde" e "Perséfona, o da espiga madura", [...] "numa época em que apenas as mulheres praticavam os segredos da agricultura"[36], dando-nos uma imagem metafórica visual do amadurecimento deste feminino.

---

[34] BERRY, 1982.
[35] BRANDÃO, 2002, p. 181.
[36] GRAVES, 1990, v. I, p. 87.

REFLETIR

O tema da *reflexão* é encantador na profissão que tem como alicerce, pedra fundamental, a busca da consciência. E Brandão alerta para a qualidade da reflexão de Narciso fazer-se patológica. Explorando a etimologia do termo, diz:

> *Reflectere*, de *re-* "novamente" e *flectere*, "curvar-se", significa etimologicamente, "voltar para trás", donde *reflexus*, "reflexo", retorno, e *reflexio, -ônis*, "inclinação para trás". Jung acentuou bem o que ele compreende por reflexão: "O termo reflexão não deve ser entendido como simples ato de pensar, mas como uma *atitude*.[37]

Contudo o *flectere* de Narciso estaria mais a serviço de uma paralisação, de um cessar do movimento libidinal em direção ao objeto. Tal voltar-se para si teve como consequência o cessar da alimentação, da sexualidade, da atividade, do pensamento, do novo. Novamente a semelhança com o mito edípico, no qual Narciso perde-se ao se encontrar. Já o *flectere* de Perséfone tem atributos bastante distintos. Fala de seu consentimento em iniciar um processo de separação da mãe, Deméter, e adentrar no mundo subterrâneo, onde Hades a espera para fazê-la mulher. Se Narciso aprisiona-se na dimensão endogâmica, Core-Perséfone, ao contrário, irá na direção oposta.

Assim, poderíamos pensar que Narciso–Eco são parte do processo de desenvolvimento, uma volta na espiral desse caminho onde é preciso integrar aspectos da identidade que só serão melhor incorporados em outros mitos, entre os quais o de Deméter-Core-Perséfone. Narciso e Eco funcionam dentro de uma dinâmica matriarcal na qual a discriminação e a alteridade estão ausentes. Lamentam a impossibilidade do encontro, paralisam-se frente a esse fato, e definham até a morte. Eco não tem Narciso; Narciso não tem seu reflexo, que julga ser um outro por quem se apaixonara. Tomam uma atitude lamuriante que os localiza no terreno do fracasso.

Tudo foi em vão. Não resultou em nenhum ganho. Eco enche-se de confiança para se expor a Narciso, talvez em seu primeiro impulso heroico de enfrentar o lado feminino como mulher, não mais o distraindo com palavras fúteis, mas ousando penetrar na vivência, sair da indiscriminação

---

[37] BRANDÃO, 2002, p. 183.

da floresta. E a repulsa de Narciso é de tal forma dilacerante que a destrói completamente. Quando ousou ser ela mesma e seguir um lado de pessoalidade nessa região do relacional, foi cruelmente afastada.

Narciso diz: "Fique longe de mim![...] e não me toque! Eu morreria antes de lhe dar alguma chance", e ela : "Lhe dar uma chance"[38]

É como se falasse: "Prefiro morrer a ser usado por você como um objeto de prazer", ao que Eco replicaria "Usa-me. Aquilo que é a morte para você é a razão de meu viver."

O encaixe está feito. Trazem uma problemática vivencial em que a relação dialética está ausente, e o que ressalta é a complementaridade de opostos. Narciso permanece em si mesmo; Eco permanece no outro. Isso pode ser observado em inúmeros casais, em que um elemento do par funciona narcisicamente ensimesmado, enquanto o outro o ecoa todo o tempo. Narciso precisa de Eco, e Eco necessita de Narciso; mas a *coniunctio* – o casamento, a união – não ocorre.

Carol Savitz[39], em artigo sobre o narcisismo afirma que Narciso fica encantado com Eco enquanto ela é um espelho perfeito. Ele é cativado pela própria voz ecoada sem distorções. É quando a presença física de Eco, a realidade de seus próprios desejos, surge, que Narciso entra em pânico. Narciso e Eco são incapazes de sobreviver à perda e desilusão inerentes ao processo de separação, e o centro interno capaz de unir opostos nunca se constela.

ECOAR

E onde está a criatividade antes mencionada?

Olhemos para Eco. Parece que não foi capaz de compreender o criativo contido na repetição. É interessante notar no mito, contado por Ovídio, como se dá esta repetição das falas de Narciso por Eco. Sua natureza a faz submissa ao masculino, primeiramente obedecendo a Zeus, e poste-

---

[38] OVÍDIO, 2003, livro 3, p. 62.
[39] SAVITZ, C. Healing and Wounding: The Collision of the Sacred and the Profane in Narcissism. *Journal of Analytical Psychology*, 31, 1986. p. 319-340.

riormente ficando à mercê da negativa de Narciso. A questão que traz é a impossibilidade de ser ela mesma, um indivíduo. Ao contrário da virgem que não depende de nenhum homem para ser, Eco vive à mercê do outro. Sua tagarelice característica é constituída de palavras vazias. Seu mérito é distrair Hera. A banalidade pode ser eficaz para relaxar uma estrutura rígida, embasada no poder, como a de Hera, e dar espaço ao novo, gerado por Zeus. No entanto a transformação que poderia vir do castigo impingido, Eco não tem competência para realizar. Tem em si um atributo que reconhecemos em Hermes, que é o poder de ludibriar; porém falta-lhe justamente a flexibilidade criativa.

O criativo em Eco estaria na possibilidade implícita de ela apontar o belo na repetição. Vejam como ela repete o fim das frases de Narciso, dando margem a uma outra compreensão que parece se esconder sob um fino véu do igual.

Narciso:	*"Tem alguém aí?"*
Eco:	*"Aí!"*
Narciso:	*"Venha até mim."*
Eco:	*"Venha até mim."*
Narciso:	*"Por que você foge de mim?"*
Eco:	*"Por que você foge de mim?"*
Narciso:	*"Vamos ficar juntos!"*
Eco:	*(sai da floresta em direção a Narciso)*
Narciso:	*"Fique longe de mim!, gritou ele, "e não me toque! Eu morreria antes de lhe dar alguma chance."*
Eco:	*"Lhe dar alguma chance."*[40]

A capacidade de discernir, de enxergar através do véu, de des-vendar o novo na repetição é, a meu ver, o tesouro a ser des-coberto. Eco, a que apenas repete, aponta e ressoa a possibilidade de vínculo para quem souber escutá-la.

---

[40] OVÍDIO, 2003, livro 3, p. 62.

REPETIR

Falemos um pouco da repetição. Desde o instante em que se coloca em foco a observação desse movimento, pode-se notar o quanto ele está presente. Ele pode ser de muitas qualidades, no entanto. De início é o ritmo, o instinto mais primordial que carregamos como condição de vida, os batimentos cardíacos que acontecem repetida e incansavelmente para que possamos existir. O ritmo está na base; no pulsar do sangue, no inspirar e expirar da respiração. É a uma só vez permanência e raiz para transformação.

Na mitologia, Urano fez Geia engolir suas criações, engolimento repetido por seu filho Crono, temeroso de ter seu poder suplantado, seguido do filho Zeus, que engoliu Métis frente à predição de uma possível deposição. Há aí a repetição, e nela uma sutil transformação. Cada geração trará algo novo consigo. O sol repete o mesmo caminho todos os dias. As crianças repetem os gestos dos pais na imitação, e os animais reproduzem por *imprinting* os movimentos de seus progenitores. As estórias que se contam às crianças são repetidas *ad infinitum* e só aprendemos *"de coeur"* a tabuada por meio de muitas repetições. Há que se repetir inúmeras vezes um poema para memorizá-lo e declamá-lo; na análise repete-se na fala, repete-se nos sonhos, repete-se na transferência, repete-se na frequência das sessões; na dança repetem-se os passos até o corpo encarnar o movimento coreografado; na música repetem-se as posições e acordes até a melodia se firmar. Repetem-se os dias, os meses, os anos, repetem-se as luas, que crescem, enchem e se esvaziam, e assim fazem subir e descer as marés repetidamente; repetem-se as estações, a moda, as encenações nos teatros, as comemorações, as festas, a saída do ano velho para a entrada do ano novo; repetem-se as promessas, as esperanças, os rituais de passagem, as viagens noturnas; repete-se, repete-se, repete-se...O ser humano constrói e se constrói a partir da repetição.

Em *O Mito do Eterno Retorno*, Mircea Eliade formula a dimensão da importância da repetição da seguinte forma: "Um objeto ou uma ação só se tornam reais na medida em que *imitam* ou *repetem* um arquétipo. Assim, a *realidade* só é atingida pela *repetição* ou pela *participação*".[41]

---

[41] ELIADE, M. *O Mito do Eterno Retorno – Arquétipos e Repetição*. São Paulo: Edições 70, 1981. p. 49.

Foca o "mecanismo da *transformação do homem em arquétipo através da repetição*".[42] (grifos do autor). Com isso, aponta para o paradoxo de que o homem só é ele mesmo quando também se reconhece enquanto todos os homens e repete ontologicamente a história de toda a humanidade.

A ideia da repetição inevitavelmente nos traz a figura de Sísifo. Foi castigado por Zeus a rolar uma enorme pedra até o alto de uma montanha e, antes que alcançasse o cume, a pedra descia morro abaixo, obrigando-o a recomeçar seu esforço. Sua falta foi ter ludibriado a morte e, dessa forma, ter se pretendido imortal. Novamente, a já anteriormente citada *hýbris*, arrogância inadmissível aos deuses. Novamente, a presença da morte como símbolo de transformação. Sísifo não pôde deixar-se morrer. Aqui surgem alguns elementos que o localizam mais numa dinâmica patriarcal – uma forma de funcionamento na qual a hierarquia do poder organiza-se em função do masculino. A ideia de uma repetição entediante liga-se ao binômio "trabalho de Sísifo", e ela só se investe dessa característica quando da não aceitação da natureza da repetição. Sísifo encarna a repetição neurótica e patológica.

Verena Kast, em seu livro *Sísifo – A Mesma Pedra-Um Novo Caminho* traz a questão da repetição para ser refletida. Fala que o "esforço só se tornou para ele um trabalho de Sísifo quando estava desanimado ou pretendia demais".[43] Ou seja, quando da ausência de Eros ou na presença da inflação. Aborda a tensão presente no mito, entre a necessidade da repetição em contradição com o fato de que a vida precisa se modificar. "Na repetição fixa-se também a vida [...]."[44] A questão parece apontar para quando a fixação é algo criativo e necessário, um fincar raízes, e quando é restrição de crescimento. Kast convida-nos a olhar o mito com outro olhar que não o habitual. Sai da imagem do mito e a interpreta, pondo foco em nuances que tenta compreender de um modo diverso que o proposto, como quando busca um sentido no seu ato contínuo, na possível renúncia a fantasias e expectativas, sem contudo desistir. Sem entrar no mérito dessa proposta de visão do mito, o que nos distanciaria do objetivo primeiro de permanecer na imagem, apuremos o olhar para algumas coincidências.

---

[42] Ibidem, p. 51.
[43] KAST, V. *Sísifo, A Mesma Pedra-Um Novo Caminho*. São Paulo: Cultrix, 1997. p. 25.
[44] Ibidem, p. 23.

HERMES: MOVIMENTO E TRANSFORMAÇÃO

Se Sísifo rola uma **pedra**, numa livre associação com esse símbolo chegamos a um deus olímpico cujo mito que compõe tem uma relação íntima e significativa com este exemplar do reino mineral. *Hermas* é o nome dado a uma pilha de pedras, ou um pilar de pedra com falo ereto, que delimita territórios e simboliza Hermes, o deus astuto, viajante, condutor de almas, deus dos caminhos, vinculador, comerciante, mensageiro, e também ladrão, traquinas, larápio, brincalhão, entre outros atributos. A pedra de Hermes, Mercúrio para os alquimistas, é resultado da união dos contrários, da *complexio oppositorum*, de onde sairá a energia vital; é o ouro não vulgar. Simboliza o real e o imutável, ao mesmo tempo que contém o novo. Sísifo parece ter algumas características que encontramos também em Hermes quando, por exemplo, com sua astúcia, ludibria a morte por duas vezes e não aceita a transitoriedade. Sua capacidade de enganar os deuses o faz especial, e assim, "meio parente" de Hermes. Ao mesmo tempo, sua incapacidade de aceitação do passageiro e seu desejo de imortalidade afastam-no do deus olímpico. A questão é o uso que faz de seu potencial criativo. Sua arrogância selou seu destino com a repetição enquanto impossibilidade de transformação. Aparentemente há movimento, mas este é desprovido de sentido. É a própria imagem da neurose.

No plano coletivo, Sísifo foi capaz de obter algo importante e significativo quando da troca da informação sobre o rapto da filha de Ásopo por Zeus, por uma fonte eterna de água para a árida acrópole de Corinto. Vejam como a questão do eterno e da recusa da morte se *repete*. Simbolicamente, como salienta Kast, ele está comprometido com a vitalidade mais do que com a obediência. Aí eu diria que há um lampejo do novo na sua capacidade de desafiar o poder instituído, atributos bastante herméticos, que nascem também da hermética faculdade da troca e da negociação. E isso vem a favor do coletivo. Isso nos faz pensar que Sísifo "peca" no exato momento em que usa de seu poder ardiloso de persuasão em benefício próprio, ao querer tirar vantagens de sua astúcia para si mesmo.

O que faz de Sísifo Sísifo e não Hermes? (Não que se queira transformar um no outro. Cada um tem uma história a ser contada, e aí está a sua riqueza. O convite é, antes, olhar atentamente para as imagens que eles propõem.) A qualidade do movimento em Hermes é totalmente diferente. Hermes traz justamente a capacidade de desprender-se do que acabou de conquistar, confiante que é na sua própria capacidade criadora. Não teme a transitoriedade. É puro movimento. Seu chapéu alado e suas velozes sandálias fazem-no transitar pelos três mundos, o Olimpo, a Terra e os Ínferos. Tendo a pedra como seu símbolo mais emblemático, traz a imagem dos limites, mas não como algo aprisionador e estanque. A comunicação entre as instâncias, a viagem, o fluxo, a agilidade são suas qualidades. Aceita a morte sem medo, pois é capaz de compreendê-la enquanto símbolo e vislumbrar a transformação nela contida, o que faz com que Zeus o consagre como o único deus a quem é permitido conduzir as almas aos Ínferos. Somente quem tem grande familiaridade com tais dimensões poderia realizar semelhante tarefa.

A VIVÊNCIA DA MORTE

Como cada um dos personagens aqui enfocados vive esse tema?

Eco deixa-se morrer, definha, entrega-se à morte sem nenhuma transformação, e sua dor acaba desencadeando a posterior morte de Narciso, também pela entrega e paralisação.

Sísifo nega a morte. A ludibria e tenta fazer-se imortal, sem tão pouco transformar, condenado à repetição desprovida de sentido.

Hermes é reconhecido por Zeus como olímpico, capaz de frequentar a morte, entrando e saindo de seu território.

Aquilo que se imobiliza em Eco, movimenta-se automaticamente em Sísifo e aponta para o fértil e o vital em Hermes.

Algum observador mais atento poderia sublinhar o fato de que se comparam aqui três qualidades diferentes de personagens, a saber uma ninfa, um mortal e um deus. Parece haver então estágios que vão de Eco, como alguém mais próxima do instintivo e menos capaz de lidar com a repetição de forma mais autônoma, seguida de Sísifo, o representante dos humanos, que repete, mas ousa maior independência das amarras do destino, com uma impertinência digamos, hermética; e Hermes na categoria de divino, como um *principius individuationis*. Este, enquanto princípio supra-humano, parece apontar como norteador dos caminhos. Entretanto é bom que se alerte: ousar ser o próprio Hermes pode acarretar um castigo dos deuses.

Se olharmos para as dinâmicas descritas nas imagens dos mitos, vemos que:

Em Eco-Narciso, Eco não discrimina seus sentimentos em relação a Narciso e forma como que um bloco único com ele. Ao ser rejeitada, não percebe que há um outro que a rejeita e que deve sim sofrer e elaborar um luto; vive a rejeição como algo absoluto que a engolfa e a despersonaliza. Narciso também não diferencia a imagem do regato, de si mesmo, denunciando uma identidade ainda frágil, em formação. É também incapaz de empatizar, de perceber o outro e sua dor, permanecendo totalmente autocentrado.

O mito de Sísifo oferece-nos uma outra qualidade de estruturação, em que Sísifo é extremamente hábil e perceptivo quanto às polaridades. Sua capacidade de burlar a lei demonstra que tem dentro de si a lei formulada, e escolhe a ética com que vai encará-la. Tem claro para si o certo e o errado, o mortal e o imortal, vida e morte, Hades e Terra.

Já Hermes demonstra uma capacidade de gerar o novo e se desapegar do mundo concreto, confiando em seu potencial criativo. Sua figura simboliza a troca e o comércio, ou seja, localiza-se no âmbito do diálogo com o outro, com o alter, com a dialética. É Hermes, por exemplo, quem emprestou a Perseu a *hárpe*, foice curva com que o herói matou a Medusa, aquela Górgona terrível que transformava em pedra quem a mirasse diretamente. Esse fato parece reforçar a ideia de que esse deus, profundamente ligado ao tema da pedra, tem atributos que o fazem libertador de uma força paralisadora e de uma energia aprisionada. Como se sabe, de dentro da Medusa, ao ter sua cabeça cortada, saem o gigante Crisaor e Pégaso, o cavalo alado. Assim, Hermes, entendido como arquétipo, instrumentaliza o herói a lutar contra a estagnação e a petrificação.

Como condutor de almas, é impossível não vê-lo como uma imagem do analista, que passeia pelo inconsciente -seu e do paciente- fazendo pontes, desfazendo amarras, colocando a pedra em movimento para que o que estava represado circule novamente.

Água mole
em pedra dura,
tanto bate
até que fura.

CONCLUSÃO

No trabalho repetitivo do construir psicoterápico, que com sua cadência dá ritmo a um caminhar longo e compassado, analista e analisando rolam pedras. Este identifica-se por vezes com Sísifo, lamuriando-se que seu assunto é monotemático. Aquele crê que Hermes está à espreita, e que justamente dessa vivência rítmica, da tensão das cordas de uma lira imaginária, uma nova música soará. Ao homem, ao contrário do que aos deuses, foi dada a grande dádiva de poder voltar atrás. Assim, é possível a nós repetir, fazer de novo, e de novo, e o novo. Frente à transitoriedade das coisas, a repetição é uma benção que torna possível a elaboração, a incidência de um outro olhar, de um novo ângulo. O olhar hermético deve ser exercitado, para que sejamos capazes de identificar até mesmo o movimento na quietude, e resignificarmos e transcendermos repetidamente a nossa "pedra de Sísifo".

Já há em Freud, a preocupação com o tema e o vislumbre que aí se aloca a pedra fundamental da psicanálise. Em *"Recordar, Repetir, Elaborar"*, texto de 1914, Freud afirma que o que se repete tem como fonte o recalcado. O tratamento traria uma reconciliação do indivíduo com o recalcado manifesto nos sintomas. "A melhor maneira de refrear a obsessão repetidora do paciente e de convertê-la em um motivo de recordar-se, possuímo-la no manejo da transferência [...] tornando-a inofensiva e até útil."[45]

Com essas concepções da psique, Freud desenhava a transferência como campo por excelência da repetição da neurose e, portanto, meio ideal para a elaboração como tratamento. Seu enfoque traz a marca da psicopatologia da época, em que o modelo médico servia de base para a leitura do indivíduo e sua mente, e que vemos perseverar até hoje na psiquiatria contemporânea.

---

[45] FREUD, S. Recordar-se, Repetir e Elaborar. In: *Técnica Psicanalítica*. v. 10. Rio de Janeiro: Delta, 1961. p. 284.

A visão de James Hillman a respeito de *pathos* parece-me ainda mais interessante e significativa.

> I am suggesting here that we return to the original meaning of *pathos*. In Greek this word meant most basically "something that happens", "experiences", a being moved and the capacity to be moved. The movements of the soul are *pathe*, and if we follow Aritotle, they show a capacity for change or qualitative changes actually going on.[46]

> (Eu estou sugerindo aqui que retornemos ao sentido original de *pathos*. Em grego esta palavra significa basicamente "algo que acontece", "experiências", ser mobilizado e a capacidade de ser mobilizado. Os movimentos da alma são *pathe*, e se seguirmos Aristóteles, eles mostram a capacidade para a mudanças ou mudanças qualitativas realmente acontecendo.)

Associa a alquimia com a "patologização" neste sentido que imprime ao resgatar o termo original, afirmando que a transformação é uma experiência "pathologizante".

> Only in mythology does pathology receive an adequate mirror, since myths speak with the same distorted, fantastic language.[47]

> (Apenas na mitologia a patologia ganha um espelho adequado, uma vez que os mitos falam com a mesma linguagem distorcida e fantástica.)

Se os mitos espelham com mais nitidez o *pathos* e, portanto, o movimento, a transformação, e claro, a dor, a busca dessas figuras mitológicas –Narciso, Eco, Sísifo e Hermes- teve como intenção *refletir* imagens que pudessem nos aproximar desse percurso tão familiar a nós, psicoterapeutas e analistas, que ritualmente e repetidamente nos entregamos à tarefa hermética de pôr em movimento o que se encontra estagnado, avistar o novo no mesmo, beleza no igual, Narciso em Eco, perseverança e eternidade no transitório, vida na morte, construção e reconstrução no encontro, no fazer almas.

---

[46] HILLMAN, J. *Re-Visioning Psychology*. New York: Harper Colophon Books, 1977. p. 97.
[47] Ibidem, p. 99.

REFERÊNCIAS

ANDRADE, C. D. *Antologia Poética*. Rio de Janeiro: Record, 1998.

BARROS, M. de. *Tratado Geral Das Grandezas Do Ínfimo*. Rio de Janeiro: Record, 2001.

BOLEN, J. S. *As Deusas e a Mulher – Nova Psicologia das mulheres*. São Paulo: Paulinas, 1990.

BERRY, P. A Paixão de Eco. In: *Echo's Subtle Body – Contributions to an Archetypal Psychology*, Dallas, Spring Publications, 1982.

BRANDÃO, J. S. *Mitologia Grega*. v. 3. Petrópolis: Vozes, 2002.

ELIADE, M. *O Mito do Eterno Retorno – Arquétipos e Repetição*. São Paulo: Edições 70, 1981.

FREUD, S. Recordar-se, Repetir e Elaborar. In: *Técnica Psicanalítica*. Obras Completas. v. 10. Rio de Janeiro: Delta, 1961.

GRAVES, R. *Os Mitos Gregos*. Lisboa: Publicações Dom Quixote, 1990.

HAMILTON, E. *Mitologia*. São Paulo: Martins Fontes, 1995.

HILLMAN, J. *Re-Visioning Psychology*. New York: Harper Colophon Books, 1977.

KAST, V. *Sísifo, A Mesma Pedra-Um Novo Caminho*. São Paulo: Cultrix, 1997.

LÓPEZ-PEDRAZA, R. *Hermes e Seus Filhos*. São Paulo: Paulus, 1999.

MONTELANO, R. P. Narcisismo: Considerações Atuais. *Junguiana*, 14, 1996.

OVÍDIO. *Metamorfoses*. São Paulo: Madras, 2003.

SAVITZ, C. Healing And Wounding: The Collision of the Sacred and the Profane in Narcissism. *Journal of Analytical Psychology*, 31, 1986.

VERNANT, J. P. *O Universo, Os Deuses, Os Homens*. São Paulo: Companhia das Letras, 2000.

3

A FUNÇÃO TRANSCENDENTE EM HERMES
(2006)

GENEALOGIA E HISTÓRIA DE HERMES

Existem várias descrições do mito de nascimento de Hermes e seu papel dentro do quadro mitológico grego. A que se segue decorre de dados advindos de J. S. Bolen[48], de R. López-Pedraza[49], K. Kerényi[50], J. S. Brandão[51] e R. Graves[52]. Convido o leitor a visitar, para além dos originais mencionados, a leitura simbólica do mito que passo a desenvolver:

Hermes é filho de Zeus e Maia. Maia é filha de Atlas, o Titã que carrega os céus nos ombros. É uma das Plêiades, a constelação das estrelas irmãs no céu noturno. A elas são atribuídas as instituições dos coros de dança e das festas noturnas. A dança e a música estão, portanto, presentes em Hermes por sua raiz materna.

Nasceu num dia quatro (número a ele consagrado), numa caverna no monte Cilene, ao sul da Arcádia. Apesar de embrulhado em panos e colocado no vão de um salgueiro – árvore sagrada, símbolo da fecundidade e da imortalidade – desvencilhou-se logo das faixas, demonstrando seu poder de atar e desatar, ligar e desligar. Sempre em movimento, desde o instante em que nasceu, Hermes veio à luz pela manhã, inventou e tocou a lira à tarde, viajou até a Tessália onde roubou parte do rebanho de Admeto, guardado por seu irmão Apolo ao entardecer, e à noite estava de volta em seu berço, fingindo-se inocente. Seu ardil já se desvela quando amarra ramos de folhas

---

[48] BOLEN, J. S. *Os Deuses e o Homem – Uma nova psicologia da vida e dos amores masculinos.* São Paulo: Paulus, 2002.
[49] LÓPEZ-PEDRAZA, R. *Hermes e seus Filhos.* São Paulo: Paulus, 1999.
[50] KERÉNYI, K. *Os Deuses Gregos.* São Paulo: Cultrix, 2000.
[51] BRANDÃO, J. S. *Mitologia Grega.* Petrópolis: Vozes, 2002.
[52] GRAVES, R. *Os Mitos Gregos.* Lisboa: Dom Quixote, 1995.

na cauda dos animais para que, enquanto andassem, fossem apagando os próprios rastros. Em outra versão, Hermes encontrou as vacas de Apolo pastando, apartou 50 animais e fez com que elas andassem de costas; com isso, as marcas de seus cascos traseiros apareciam na frente e as dos dianteiros, atrás. Para si confeccionou palmilhas com folhas e galhos, e com isso encobriu os próprios rastros.

Hermes foi o primeiro a acender um fogo. Numa gruta de Pilos, sacrificou duas novilhas aos deuses, dividindo-as em 12 porções e ofereceu uma a cada divindade. No entanto, nessa época, havia apenas 11 divinos, sendo que ele se autointitulou o décimo segundo olímpico.

Após esconder o rebanho, regressou a Cilene. Tendo encontrado uma tartaruga à entrada da caverna, matou-a, arrancando-lhe a carapaça e, com as tripas das novilhas sacrificadas, fabricou a primeira lira. A primeira de todas as canções, entoada por Hermes, dizia respeito a Zeus e Maia, e à saga de sua concepção.

Feito isso, voltou ao seu berço e seus cueiros.

Maia, intuindo o procedimento do filho, repreende-o, com receio da ira de Apolo e de um castigo de Zeus. Tenta convencer o infante a devolver o gado do irmão e aceitar as circunstâncias de permanecer ali na caverna, na condição de um reles mortal. "Volta para o lugar de onde vieste! Teu pai te gerou para seres um triste vexame para deuses e homens".[53] No entanto Hermes não concorda com a mãe. Quer tornar-se um deus imortal e receber a mesma reverência sagrada prestada a Apolo.

Apolo, o deus mântico por excelência, descobriu o paradeiro do ladrão e o acusou formalmente. Maia negou que pudesse o menino, nascido há poucos dias e completamente enfaixado, ter praticado semelhante roubo. Vendo o couro dos animais sacrificados, Apolo não teve dúvidas e apelou para Zeus.

Segundo Kerényi[54], ao encontrar Hermes, Apolo primeiramente se encontrava enfurecido, pelo sumiço de seu rebanho e queria uma confissão do meio-irmão, bem como localizar o armento. Hermes, intuindo a intenção

---

[53] KERÉNYI, 2000, p. 132.
[54] Ibidem, p. 134.

do irmão de arrastá-lo à força, o distrai com uma lembrança e espirra, o que faz com que Apolo o deixe cair no chão. Em seguida, Apolo senta-se ao lado de Hermes, ralha com ele, e num tom descontraído convida-o a ser seu guia. O clima nesse momento é de brincadeira, estendendo-se ao encontro dos dois com Zeus.

O regente do Olimpo interrogou habilmente o filho, que persistiu na negativa. Ao ouvir a história contada por Apolo e a negação de Hermes, Zeus explode em gargalhadas e ordena aos dois reconciliarem-se. Hermes foi intimidado pelo pai a não mais faltar com a verdade; pois, afinal, reivindicava o status de um deus! Hermes concordou, com a ressalva de não estar obrigado a dizer a verdade por inteiro.[55]

Os dois irmãos dirigem-se ao rio Alfeu, onde se encontrava o gado roubado. Apolo surpreende-se com a força de Hermes, capaz de levar a cabo o sacrifício de duas vacas. Espanta-se e rende-se diante da habilidade do irmão em atar e desatar. Nesse momento, Hermes toca sua lira. Apolo, completamente encantado, reconhece o poder do deus mensageiro em provocar a alegria, o amor e o doce sono. Hermes presenteia-lhe com o quelônio falante e, em troca, recebe as 50 cabeças de gado, bem como o cajado de pastor e o status e a glória de pastorear. Ao prometer ao irmão que não lhe furtaria nem a lira nem o arco, Apolo também oferta-lhe um cajado de ouro, que confere riqueza e domínio sobre os animais. Zeus já havia lhe concedido o direito de instituir atos de negociação entre os homens, fazendo do filho uma criatura protetora das atividades comerciais, com competência para intermediar os tratos. O chapéu e as sandálias aladas são presentes de proteção e rapidez, qualidades necessárias à sua função de viajante e mensageiro.

Hermes desejou o poder da alta vidência de Apolo, único entre os deuses imortais a ter ciência das decisões de Zeus. O irmão, cujo juramento o impedia de conceder tal graça, orientou Hermes a procurar as três virgens aladas, três irmãs sagradas habitantes do Parnaso, para algumas lições de adivinhação. Hermes vai até as Trias, introduz-se na arte divinatória e aprende a jogar seixos, aperfeiçoando sua capacidade de ver o futuro. É atribuída a ele também a invenção do dado de seis faces, do astrágalo –pequenos ossi-

---

[55] BRANDÃO, 2002. v. II, p. 192.

nhos ou dados, usados na prática do astragalismo e da astragalomancia-, das letras do alfabeto, e da "flauta de Pã" ou flauta de pastor, feita com canas. Segundo Graves[56], Hermes teria recebido de Zeus o ofício de Mensageiro dos Deuses e o caduceu, -em grego, bastão de arauto- um bastão encimado por asas e em cujo eixo se enrolavam duas serpentes (uma macho e uma fêmea; ou uma branca e uma preta).

Seriam, pois, essas algumas das características de Hermes que podem ser elencadas a partir de seu mito:

Pilha de pedras, guia, senhor dos caminhos, protetor das fronteiras, protetor dos viajantes, servo diligente, larápio, traquinas, mensageiro dos deuses, vinculador, aquele que conecta, ladrão, bizarro, comerciante, aquele que interage com o desconhecido, aquele que compensa, que equilibra, desprovido de constrangimento, capaz de lidar com o ciúme, o único mensageiro para o Hades, aquele que não se incomoda com o que é verdadeiro ou falso, generoso, amistoso, dispensador de bens, companheiro do homem, deus do inesperado, da sorte, das coincidências, da sincronicidade, o alquimista, aquele que flui, deus do movimento, dos novos começos e da confusão que precede os novos inícios, deus da agilidade mental, da habilidade com as palavras, deus da fala, comunicador, guia das almas até o mundo dos Ínferos, protetor dos atletas, dos negociantes, dos pastores, inventor, autoconfiante, deus do ardil, da astúcia e da trapaça, *trickster*, brincalhão, companheiro amigo, o sábio.

A FUNÇÃO TRANSCENDENTE

Uma vez tendo Hermes sido-nos apresentado, recortaremos em seu mito aspectos que nos falam de sua semelhança com a função transcendente tal como descrita por Jung. Segundo este, trata-se, antes de mais nada, de uma função. Assim, devemos ter em mente seu aspecto de atualização de atributos ou qualidades na vida prática. Jung observou, em sua clínica, a existência das polaridades e dos opostos em suas mais diversas expressões. A concepção Junguiana de psique inclui a noção do funcionamento compensatório entre as instâncias Consciente-Inconsciente. Estamos todo

---
[56] GRAVES, 1995.

tempo criando consciência a partir do inconsciente, luz e sombra, tal qual o nosso deus que transita do mais profundo Hades até o Olimpo. Da mesma forma, o movimento inverso também acontece. Hermes está presente na visão dinâmica da psique, uma vez que ele se traduz por **movimento**.

Jung definiu como *função transcendente* o resultado de um confronto altamente energético, porque tenso, entre ego e inconsciente, onde ambos recebem o mesmo valor. Tanto o ego quanto o inconsciente devem ser encarados como igualmente importantes. Desse encontro de opostos, surge um terceiro elemento não dado (*tertium non datur*), a função transcendente, que não é apenas a união das oposições, mas uma terceira situação ou conteúdo, diferente dos dois que o originaram. O termo *função transcendente*, cunhado por Jung[57], portanto nomeia a mudança da atitude obtida por meio do confronto do ego com o inconsciente, da assimilação das funções inferiores e inconscientes à consciência, embasada na singular capacidade de transformação da alma humana. Hermes representa a estrutura que liga o inconsciente ao consciente, trazendo desse contato algo novo, que dá luz, e uma terceira alternativa a uma situação polarizada.

Olhando os feitos de Hermes, bem como seus casamentos e filhos, é possível refletir sobre o que esse deus, enquanto representante de um arquétipo e portador de uma sabedoria da psique coletiva, pode nos revelar. Quais caminhos de humanização ele nos propõe? Podemos depreender que faz parte de sua identidade a possibilidade de unir, de transitar, de movimentar-se em todos os âmbitos. Psicologicamente, esta seria uma característica da chamada *função transcendente*, ou seja, a possibilidade de a psique estabelecer ligações entre conteúdos do consciente com o inconsciente. Como consequência, novos conteúdos, decorrentes dessa interação, podem ser integrados à consciência e promover sua transformação.

Talvez a insígnia mais elucidativa de sua função seja o caduceu. Vejamos por quê. O caduceu é um bastão alado e dourado, enrolado de cima a baixo por duas serpentes, simbolizando o poder das forças do universo que se opõem e se equilibram. Seu possuidor é capaz de conduzir para a luz ou para as trevas, comunicar Céu e Terra. O caduceu é um demarcador poderoso. Também entendido como *axis mundi*, ou eixo do mundo, é

---

[57] JUNG, C. G. *O Eu e o Inconsciente*. Petrópolis: Vozes, 1982. p. 95.

sinalizador da presença de Zeus, de quem Hermes é porta-voz, olímpico regente profundamente respeitado pelo que simboliza. Onde Hermes está com seu caduceu, Zeus, de alguma forma, também está. É o marco do deus mensageiro, com entrada em todos os planos. Também estabelece uma distância entre o deus e o escuro enxame de almas. O fato de ser dourado dá luz ao ambiente de trevas.

Ser portador do caduceu, simbolicamente, indicaria a possibilidade de se conduzir levando em conta as polaridades e sua relação com o eixo ego *Self*. Daria ao indivíduo a aptidão de perceber em si suas contradições, bem como as do meio que o circunda e conjugá-las de forma a harmonizá-las num sentido organizador de seu caminho.

O caduceu, o chapéu e as sandálias são elementos que dão a Hermes condições de exercer sua função de mensageiro e vinculador de uma forma ainda mais eficiente. O chapéu e as sandálias são aparatos de proteção. O chapéu num polo, protege da chuva, e as sandálias no polo oposto, do chão. Além disso, as asas dão às sandálias a velocidade do vento, tal qual o pensamento.

Podemos, assim, considerar que o chapéu e as sandálias dão contorno aos pensamentos e à base, às polaridades espiritual e ctônica, indicando uma vez mais como característica desse divino a intimidade com esses extremos.

Em sendo expressão da função transcendente, Hermes é também a tradução da capacidade psíquica para a compreensão simbólica. Isso nos aproxima daquilo que conhecemos como *insight*, ou seja, trazer à luz algo obscuro e, portanto, desconhecido, inconsciente. O *insight* hermético une a dimensão do conhecer com a do sentir, uma vez que o deus vinculador traz o *Logos* conjugado a *Eros*.

Poderíamos observar Hermes, metaforicamente, funcionando das seguintes formas em nossa psique:

- como um *insight* – uma percepção repentina e global de algo que antes nos parecia incompreensível, porque inconsciente – com *Eros* incluído, fazendo a associação *Logos-Eros*, o conhecimento vinculado;
- como *religare*, ou a função religiosa que une a dimensão do humano ao sagrado, pontificando o lado titânico do homem e seu lado divino;

- como conciliador de paradoxos, chamando a atenção para o caráter duplo do indivíduo;

- dentro de um eixo perceptivo não julgador, mantendo-se num território livre de arbítrios contaminados por valores, fiel à objetividade da psique;

- como aquele que instrumenta o herói e o capacita a lutar contra os dragões que sempre tem a enfrentar;

- como *trickster*, ou traquinas, que assume diferentes formas e usa de inventividade e astúcia, de alegria e leveza nas conexões que faz.

HERMES, O CADUCEU E A ANÁLISE

Em vários momentos de sua obra, Jung aponta-nos a necessidade de o analista funcionar muitas vezes junto ao paciente como a função transcendente, auxiliando-o na construção da ponte entre consciente e inconsciente, bem como na integração dos conteúdos advindos desse encontro. Esse é um detalhe bastante importante, uma vez que não basta trazer à luz conteúdos antes inconscientes, reprimidos ou não, potenciais ou esquecidos. Quando se fala de função transcendente, fala-se em transformação, e é por isso que Hermes é também invocado. Simbolicamente, esse deus é aquele que nos ajuda a nos tornarmos nós mesmos. Ele é expressão do próprio processo de individuação, a nos sussurrar no ouvido que devemos ir adiante, flexibilizar estruturas enrijecidas, brincar com imaginações que nos paralisaram, ousar transgredir frente a regras sem sentido.

Hermes instrumenta o herói para que ele cumpra a sua tarefa. Não se trata de fazer a tarefa por ele. Este é quem deve realizá-la; mas Hermes vem em seu auxílio e torna possível a ação do herói. Potencializa o que já está ali, e como senhor dos caminhos, encaminha, ajuda-o a retomar seu rumo e a acreditar na sua coragem para ousar e, destemidamente, enfrentar o que for preciso. Ele próprio se vê tendo de cumprir tarefas desagradáveis enquanto arauto que enfrenta o medo do confronto com feiticeiras, ou quando tem palavras difíceis a revelar. O paralelo dessa forma de atuação com a função do analista é direto. Nós estamos todo tempo a acordar o herói em nossos pacientes, acompanhando-os em suas viagens pelo caminho de descoberta de si mesmos.

O mito de Hermes fala, dentre tantas coisas, de sua criatividade ao inventar, ainda bebê, a lira, a partir de um cágado no qual tropeçou na saída da caverna em que nasceu. Se focarmos nesse pequeno fragmento de sua história, podemos ver o quanto o mito revela-nos a respeito desse modelo arquetípico de um vir-a-ser. Em vez de praguejar a sorte de seu tropeço, abre a porta da curiosidade em si e explora o que aquela situação tem a lhe oferecer. Associa o casco do animal com as tripas dos bois sacrificados, e assim constrói uma lira. Faz, portanto, de dois objetos, um terceiro distinto, tal qual a função transcendente que simboliza. Esse instrumento será capaz de tocar o coração dos homens e dos deuses, e terá papel fundamental no seu encontro com seu irmão Apolo. A sua prontidão para criar indica-nos ser esse deus capaz de nos ensinar a transformar adversidades em oportunidades. Ele seria a mais cristalina representação daquilo que hoje chamamos em psicologia "resiliência", termo emprestado das Ciências Exatas, a respeito das resistências dos materiais.[58]

À cena descrita, segue-se a chegada de Apolo e seu encantamento com a melodia ouvida, ele, deus da música que era. Num momento, os dois já faziam suas trocas, Hermes oferecendo a lira em lugar do gado roubado e reivindicando os segredos da mântica ao irmão. A capacidade de Hermes atar e desatar, de desapegar-se daquilo que acabou de criar para, em seguida criar novamente, aponta-nos para a fonte criativa que temos em nós. Na análise, Hermes liga-nos a esse manancial gerador do novo. Ele é símbolo do desapego que devemos ter com nossas "brilhantes criações" interpretativas, por exemplo, para colocar-nos humildemente a serviço do movimento criativo que continua ali, mesmo que silencioso.

A partir do encontro fraterno entre Apolo e Hermes, em que há a descida de Apolo ao plano do chão e a abertura ao brincar daí decorrente, as trocas podem se dar, e esses divinos tão distintos em sua forma de apreensão do mundo, ensinam-nos a arte do diálogo, da aprendizagem com o diferente, da incorporação daquilo que nos falta por meio da relação e do outro. É uma profunda lição de alteridade. Hermes é o elemento promotor desse movimento, ao atualizar, dentre outras coisas, sua capacidade de pontificar opostos.

---

[58] SAUAIA, N. M. L.; ARAUJO, C. A. Resiliência e Psicologia Analítica. *Jung & Corpo*. São Paulo: JK, 2004.

Se refletirmos simbolicamente sobre a figura de Hermes, em nosso mundo globalizado atual, podemos identificar esse deus na intenção das nações aproximarem-se e trocarem entre si, ao mesmo tempo que se evidencia a necessidade da flexibilidade e fluidez premente que brota desse confronto. Nunca a civilização precisou tanto de Hermes quanto nesse momento pelo qual passamos. As diferenças ganham cores fortes quando o movimento é de universalização. Lidar com esse paradoxo é um desafio ao contemporâneo. Hermes, como a divindade condutora dos caminhos, está sempre em contato com o coletivo e com o pessoal. Em seu mito, vemos como ele trabalha no sentido de auxiliar as outras divindades, heróis, musas e humanos a retomarem o rumo que os leva a si mesmos. Nesse movimento em direção à individuação, ele acaba por proporcionar também um benefício ao coletivo, o qual se transforma paralelamente ao indivíduo.

Portanto, o mito de Hermes pode ser lido como repleto de intrincados símbolos, dando-nos a oportunidade, se soubermos ler com cuidado e humildade, de abrir janelas para transcender as oposições e vislumbrar novas possibilidades para uma infinidade de questões humanas. A ele devemos reverenciar no nosso incansável caminho em busca de nós mesmos.

REFERÊNCIAS

BOLEN, J. S. *Os Deuses e o Homem – Uma nova psicologia da vida e dos amores masculinos.* São Paulo: Paulus, 2002.

BRANDÃO, J. de S. *Mitologia Grega*. v. II. Petrópolis: Vozes, 2002.

CALASSO, R. *As Núpcias de Cadmo e Harmonia*. São Paulo: Cia das Letras, 1991.

DOTY, W. Heterônimos de Hermes. In: HILLMAN, J. (Org.) *Encarando os Deuses*. São Paulo: Pensamento, 1997.

FAUTH, W. *Hermes*. Dallas: Spring Publications, 1988.

GRAVES, R. *Os Mitos Gregos,* v. I, II, III. Lisboa: Dom Quixote, 1995.

GRAMACHO, J. [tradutor] *Hinos Homéricos*. Brasília: Universidade de Brasília, 2003.

HILLMAN, J. *Encarando os Deuses*. São Paulo: Cultrix/Pensamento, 1997.

HAMILTON, E. *Mitologia*. São Paulo: Martins Fontes, 1995.

JUNG, C. G. *O Eu e o Inconsciente*. Petrópolis: Vozes, 1982.

_____. *Tipos Psicológicos*. Rio de Janeiro: Guanabara, 1987.

_____. *Psicologia e Religião*. Petrópolis: Vozes, 1999.

_____. *Psychology and Alchemy*. London: Routledge & Kegan Paul, 1968.

_____. *A Natureza da Psique*. Petrópolis: Vozes, 1991.

KAHN, L. *Hèrmes passe ou les ambigüités de la communication*. Paris: Librairie François Maspero, 1978.

KERÉNYI, K. *Os Deuses Gregos*. São Paulo: Cultrix, 2000.

_____. *Hermes, Guide of Souls*. Zürich: Spring, 1990.

LÓPEZ-PEDRAZA, R. *Hermes e seus Filhos*. São Paulo: Paulus, 1999.

MYERS, I. B.; MYERS, P. *Ser Humano É Ser Diferente*. São Paulo: Gente, 1997.

SAUAIA, N. M. L.; ARAUJO, C. A. Resiliência e Psicologia Analítica. *Jung&Corpo*. São Paulo: JK, 2004.

VERNANT, J-P. *O Universo, Os Deuses, Os Homens*. São Paulo: Companhia das Letras, 2000.

_____. *A Morte nos Olhos – Figuração do Outro na Grécia Antiga – Ártemis e Gorgó*. Rio de Janeiro: Jorge Zahar, 1988.

4

GUILGAMESH E O ARQUÉTIPO DO CAMINHO (2009)

A HISTÓRIA

Era uma vez, há 4.700 anos, um rei de um país distante que se chamava Guilgamesh (também grafado *Gilgamesh*). Era um homem forte, alto e corpulento, além de arrogante e extremamente teimoso. Os habitantes daquele país o temiam mais do que o admiravam. Ele roubava todas as noivas do lugar no dia de seus casamentos, deitando-se com elas antes do noivo prometido. Roubava também a vida dos rapazes, sendo muito mais forte que todos. Seu desejo vinha em primeiro lugar, e assim, não dava ouvidos aos lamentos de seu povo. Havia algo que ele gostaria de ter e que ansiava com ardor: a imortalidade; mas, antes de buscá-la, algo inusitado aconteceu.

Os queixumes das pessoas oprimidas pelos desejos caprichosos do rei eram tantos que chegaram aos ouvidos de Anu, deus do firmamento, e Aruru, deusa da criação. A ela foi pedido que criasse um igual que pudesse enfrentá-lo. A deusa parte para uma receita especial: à imagem em sua mente, igual em essência a Anu, adiciona água, um pedaço de barro e uma pitada, ou melhor, uma centelha de vida. A essa mistura sopra a seguinte frase: "Que seja seu próprio reflexo, seu segundo eu; que lutem entre si e deixem Uruk (esse era o nome da cidade), que deixem Uruk em paz".

O ser gerado chamava-se Enkidu. Caiu do céu como um astro e era selvagem como os animais da floresta, lugar onde habitava. Alimentava-se de gramíneas e libertava os animais das armadilhas dos caçadores. Até que um dia, o filho de um caçador ficou cara a cara com aquele ser monstruoso e quase morreu de susto. O caçador pai, experiente nos mistérios da natureza, sugeriu que lhe enviassem uma prostituta sagrada do templo de Inana, deusa do amor e da guerra. E assim foi feito. Enkidu, ao encontrar-se com a sacerdotisa, fica com ela por sete dias e sete noites, humaniza-se, e os animais com quem convivia tão de perto passam a correr dele. Ao vestir roupas de homem, até parecia um noivo!

O encontro de Enkidu e Guilgamesh foi inesquecível para todos os habitantes de Uruk. Nunca antes tinham visto nada igual! Ao se encararem, os dois homens atracaram-se como touros e foram derrubando tudo o que havia pelo caminho, gigantes que eram. Não havia nenhum obstáculo que os fizesse parar. Tudo foi ficando destruído por onde passavam. Quem seria o mais forte? A luta estendeu-se até o momento em que Shamhat, a sacerdotisa que fora até Enkidu na floresta, avisou Guilgamesh que aquele com quem lutava era o tal selvagem a quem ela fora mandada e com quem ele já havia sonhado. Sim, porque nessa terra, há milhares de anos atrás, os sonhos eram recebidos como mensagens dos deuses, e eram muito respeitados. Nesse instante Guilgamesh entendeu que aquele era o seu igual que o visitara enquanto dormia e a quem tanto esperava. Assim que consegue derrubar Enkidu, sua fúria desaparece. Enkidu, então, lhe diz 'Não há ninguém como tu no mundo', e os dois se abraçam e selam uma grande amizade.

A partir daí Guilgamesh e Enkidu partiriam para muitas aventuras, como dois irmãos que têm que conviver com suas diferenças e suas semelhanças. Enkidu, o selvagem, trará a Guilgamesh a oportunidade de se perceber homem, como todos os outros, e deixar de lado sua recusa em aceitar o destino humano. Como cavaleiros que matam o dragão, os dois vão ao encalço de Humbaba, o gigante do Mal e o exterminam. Inana, a deusa do amor e da guerra passa, então, a desejar o belo rei Guilgamesh, mas este não lhe dá a menor atenção e recusa suas seduções. Ela fica furiosa e lhe envia o touro do Céu, um animal imbatível, mas que também é morto pelo rei. Com isso, Inana sente-se insultada e resolve que um dos dois terá que morrer. Enkidu é o escolhido. Essa foi a primeira e importante perda de Guilgamesh, e ele não será o mesmo depois disso. Ele, que tanto desejava a imortalidade, via agora a morte à sua frente. Seu amigo-irmão se fora, e ele estava só. Terá um longo caminho até se dar conta de que Enkidu era também ele próprio.

LEITURA SIMBÓLICA DO MITO

Guilgamesh é descrito como um arrogante. Encarna o arquétipo do herói, talvez o mais teimoso de todos, em todos os tempos. Falta-lhe humanidade, discriminação, capacidade de regência, de ser o pastor de seu rebanho. É dois terços divino e um terço humano. E sua busca dá o tom do mito: deseja a imortalidade. Parece experimentar a procura de todo ser humano, qual seja a evitação da morte, a permanência.

Os deuses ouvem os lamentos do povo de Uruk, e Aruru, a deusa da criação, cria o seu igual. Parece que a força primordial expressa em Guilgamesh estaria indiscriminada, mal direcionada, caótica. A fala de Aruru ao criá-lo –"Que seja seu próprio reflexo, seu segundo eu; que lutem entre si e deixem Uruk em paz"- denota que Guilgamesh estaria ocupando-se com questões que não eram de fato as suas. Era preciso que ele se voltasse para si mesmo, e Enkidu, seu igual, na verdade lhe traria completude; representava a parte humana que lhe daria equilíbrio.

Em outra versão do que a descrita acima, é o próprio Guilgamesh quem manda que o caçador leve até Enkidu uma meretriz, uma prostituta do templo do amor (lembrando que nessa época, na sociedade mesopotâmica, não havia distinção entre espiritualidade e sexualidade; o sagrado habitava ambos). Guilgamesh "sabe" que o selvagem necessita se transformar, e a transformação vem pelo feminino. O feminino acorda a consciência, indicando, como no mito cristão na expulsão do paraíso, que este elemento traz o caminho de saída da condição animal para a humanidade. Tornar-se homem, humanizar-se, passa pela integração do masculino com o feminino. Há uma contraposição entre a sabedoria e a força corporal selvagem. Algo se perde quando Enkidu faz um par com a sacerdotisa; não mais tem a companhia dos animais, essa mudança não tem volta; mas ele guarda a sabedoria das florestas.

Nos sonhos iniciais de Guilgamesh, surge a ideia de que este ser que entrará em sua vida será por ele amado como uma mulher. "Como uma mulher", mas não é uma mulher. Guilgamesh já estivera com todas as virgens de Uruk, e Enkidu se porá em seu caminho justamente para impedi-lo de possuir uma noiva que aguardava seu noivo. Não se trata, portanto, de uma relação com o diferente de que tanto necessita, mas com o igual. Há algo a ser aprendido sobre o amor fraterno, e como amor à sua alma.

Enkidu poderia ser entendido como uma representação anímica de Guilgamesh, com a qual necessitava muitíssimo um contato profundo para se fazer inteiro. Não busca um amor conjugal; é apenas "como se". É um ser transformado que irá transformá-lo, para amadurecer e tornar-se um regente de fato e de direito.

Outro elemento presente nos sonhos iniciais do rei de Uruk –bem como também em muitos outros momentos do mito- é o machado. Como elemento discriminador, ele falta a Guilgamesh. Ele também deve amá-lo "como a uma mulher", ou seja, adorá-lo e cuidá-lo como uma contraparte, uma vez que até a chegada de Enkidu, Guilgamesh era visto e temido pela sua arrogância, sua falta de sensibilidade e compaixão, estando longe de ter em si e demonstrar qualidades de um verdadeiro "pastor" de seu povo. O machado também é o instrumento que transforma a madeira bruta em objeto funcional, e de alguma forma é metáfora dessa passagem do selvagem para o homem civilizado. Guilgamesh fará essa passagem interna, "civilizando-se" ao longo de seu trajeto.

Quando Enkidu sabe, por intermédio da sacerdotisa, que Guilgamesh irá tomar uma noiva e toda a cidade geme por isso, anuncia sua decisão de ir a Uruk e diz: "Vim mudar a velha ordem, pois eu sou o mais forte aqui". Anuncia, assim, uma transformação que se fará com o encontro dos dois. Um novo impõe-se ao desgaste do já conhecido.

Enkidu precisou do feminino para se humanizar, e Guilgamesh precisa do feminino para receber Enkidu. A sacerdotisa representa a ponte entre ambos, numa tarefa sagrada de união das duas partes. Quando Enkidu cai na luta que trava com Guilgamesh, ela intercede e revela que aquele homem era o antes selvagem para quem o próprio Guilgamesh a mandara. Essa revelação pública ajuda Guilgamesh a permanecer na sua posição de rei, mas também a aceitar o rival como amigo.

Guilgamesh tem um sonho que Enkidu interpreta com sabedoria, já anunciando algo que muitos outros irão alertá-lo: "O pai dos deuses te deu a realeza; esse é teu destino. A vida eterna não é o teu destino. Ele te deu poder de atar e soltar, ser a treva e a luz da humanidade. Mas não abusa desse poder e sê justo perante Shamash."

Shamash é o Deus Sol, e tudo será feito em seu nome. Ele será o protetor a quem Guilgamesh recorrerá para entrar na floresta do Cedro e matar Humbaba. Guilgamesh dirá que matou o gigante porque Shamash quis eliminar a maldade que ele representava. Talvez pudéssemos pensar nesse desejo também tão humano de se eliminar o mal da terra, em função de um ideal solar, como se fosse possível um mundo sem o terrível.

Enkidu diz-se fraco pela ociosidade, e podemos pensar que enquanto Guilgamesh permanece muito sonhador, imaginando-se glorioso, o corpo-Enkidu padece. Enkidu ativa o lado heroico de Guilgamesh que quer matar o guardião da floresta para inscrever seu nome em tijolos como o mais forte dos homens, ou seja, tornar-se imortal e lembrado por todos que o seguissem; mas parece interpretar mal seu destino. A árvore é o símbolo da vida, elemento feminino. Por que, raios, ele vai atacar justo a árvore? Ele reclama com Shamash, questionando, se aquela empresa não deveria ser realizada, por que ele o insuflara com a implacável inquietação de executá-la? Parece que o deus lhe lançara o desejo mobilizador para a tarefa de ser alguém especial, um verdadeiro regente, que deixasse seu nome gravado nas tábuas da humanidade, porém a forma como Guilgamesh escolheu para fazê-lo foi equivocada; ou a possível, até a aceitação de sua finitude, depois de muitos passos.

Isso tem a ver com o embate Desejo X Poder. Guilgamesh segue compreendendo os sonhos, as falas, os conselhos que lhe são dados de acordo com o seu desejo inabalável de se fazer imortal, sem se questionar o que de fato significava essa perenidade tão desejada. Foi-lhe oferecida a completude, mas ele insistiu em buscar a imortalidade, sem se dar conta que esta estava ali contida.

Guilgamesh manda fundir armas, entre elas o machado "poder dos heróis". Os conselheiros de Uruk desaconselham-no e falam da sua juventude que o cega. Guilgamesh age como um adolescente, que não teme a morte, apesar de, paradoxalmente, sua luta ser justamente contra a morte.

Enkidu interpreta os sonhos de Guilgamesh. Enkidu é um ser mais perceptivo, enquanto Guilgamesh funciona num eixo valorativo. O sono cai sobre ele assim que abate o cedro, como se a tarefa lhe tirasse toda a energia; o que o faz acordar é o alerta de Shamash referindo-se à sua mãe. Novamente é o feminino o chamando para a vida. Esse elemento tem, reafirmo, a função de impulsionar para a ação, de despertar o herói.

Quando Humbaba pede clemência, é Guilgamesh quem se compadece, demonstrando que já fora transformado desde sua saída de Uruk. Agora é Enkidu, com sua capacidade discriminadora quem lhe diz que a compaixão neste momento é inadequada e pode pôr em perigo toda sua tarefa.

Inana insinua-se a Guilgamesh e este a recusa. Guilgamesh, aquele que teme a morte, não poderia aceitar tal proximidade com a rainha das trevas. Talvez não estivesse pronto para esse casamento, contudo a morte se imporá. O destino de Guilgamesh é cada vez mais inescapável.

Vence o Touro do Céu (este também é o nome do ser primordial Anu, o deus do firmamento, pai de Enkidu), mas o preço a pagar por isso é a vida de Enkidu. É seu primeiro contato com a morte de alguém próximo e amado, portanto sua primeira perda. E aí está a sua oportunidade maior de humanização. Conhece a morte, a vida sem garantias, a dor do companheiro, a própria dor. Enkidu deixa de existir fora, para existir dentro. Reage à morte do amigo com fúria; arranca os cabelos, como num ritual de passagem, e perde a sua força, qualidade de que mais se orgulhava. Em seguida nega e não aceita o fato, levando sete dias e sete noites para entregar à terra, o corpo de Enkidu, somente quando os vermes já o devoravam. Aí vem a depressão. Lamenta e abate-se, mas permanece pensando em si quando busca Utnapichtim, um personagem semelhante a Noé do mito judaico-cristão, para descobrir o segredo da imortalidade. O herói volta a ativar-se nele.

Entra no caminho da escuridão e anda 12 léguas, guiando-se apenas pelo seu mundo interno. Irá ouvir mais algumas vezes que aquele não é o seu caminho.

As quatro figuras com as quais Guilgamesh encontra-se –Shamash, Siduri, Urchanabi e Utnapichtim- estão em contato com a morte, cada uma à sua maneira: Shamash é o deus sol, e portanto, faz sua viagem diária ao mundo da escuridão; Siduri é a fazedora de vinho, que detém o poder das bebidas sagradas, capazes de alterar a consciência; Urchanabi é o barqueiro que atravessa muitas vezes o rio da morte que leva até Utnapichtim; este é o sobrevivente do dilúvio, que por sua intuição e respeito ao sonho que teve, obteve a graça divina da imortalidade; ou seja, viveu e sobreviveu à experiência da morte da humanidade.

CONCLUSÃO

O arquétipo, enquanto estrutura de organização psíquica, fala do que há de mais coletivo no ser humano: sua dimensão plural. Entretanto aquilo que se manifesta no humano no âmbito do genérico, tem um correlato absolutamente singular e particular. Há aí um paradoxo. Todos caminham, mas cada trajeto é ímpar. Portanto falar do caminho é discorrer sobre algo que é em si mesmo arquetípico, a um só tempo coletivo e individual.

O Arquétipo do Caminho revela uma dimensão humana em constante movimento, que se constrói a cada instante. O caminho, enquanto processo, enquanto individuação, é um infindável gerúndio. Não há um ponto de chegada, e o *Self* está a propor novos desafios ininterruptamente, num anseio incansável de ampliação de consciência, de passagem a novas perspectivas, de olhares mais abrangentes.

A composição dessas ideias tenta apontar para uma possibilidade de aprendizado nos mitos e lendas, que trazem em si expressões do Arquétipo do Caminho. Olhar para esse material, perceber em nós os desejos de imortalidade que Guilgamesh anuncia (a tentativa de fuga dos desafios heroicos, as dores das perdas que se dão no trajeto, os símbolos que surgem e nos fazem compreender as realidades de outro ângulo, a consciência e a inconsciência presentes durante o caminhar, os vales e os picos), e exercitar a reflexão o mais plenamente possível traduz-se como possibilidade de aproximação de um arquétipo tão poderoso, quase invisível, porém absolutamente vivo e identificável em nossas vidas.

Eros e Poder estão presentes no mito. Chamo a atenção para um nuance de consequências marcantes. Diferentemente do "poder-verbo", em que tenho que conjugar a vida, os limites e condições do que posso ou não realizar, almejar, perseguir, conquistar etc., o "poder-substantivo" impõe-se como o dono de uma verdade. O ego quer mais e mais poder, pois isso faz com que se sinta maior, mais valoroso. O único vínculo que interessa é o consigo próprio. O outro é sempre ameaça ao poder conquistado. As noções de complementaridade, de colaboração, de parceria, não se coadunam com o exercício do poder. A busca do poder exclui a possibilidade de vinculação. Lembremo-nos de que Cristo e Buda renunciaram à tentação do poder quando viram-se expostos a ela. Enquanto o amor liga o Eu ao Outro, o poder faz com que o Eu permaneça focado em si próprio. Enquanto o amor fraterno congrega e torna todos "irmãos", o poder separa, polariza, domina o outro, o considera menor. Por essa razão, encontram-se em polaridades distintas.

Quando estamos realizando nossos caminhos individuais, este conflito Amor-Poder constela-se. Na polaridade do Amor –fraterno-, o ego se vê obrigado a sacrificar aspectos seus, poderosos inclusive, em favor de algo mais potente que ele, qual seja o *Self*. Dá-se conta de não ser o senhor de sua casa, e vê-se obrigado a se postar com humildade. É da natureza do ego almejar ser *Self*. É preciso um longo caminho para que ele se coloque em seu devido lugar. E que lugar é esse? Responder essa questão é trilhar o caminho.

O mito de Guilgamesh traz uma sabedoria milenar. A relação fraternal entre esses dois personagens – Guilgamesh e Enkidu – conta-nos como cada um encarou o outro como um igual, e um diferente, e também como o amor fraterno construiu-se na disputa, na escuta, na perda, no ganho, na cooperação, no ciúme, na vaidade, na agressividade, na amorosidade, na guerra, numa aprendizagem a que todos nós estamos fadados, e da qual podemos tirar importantes lições.

As tábuas de argila datadas do terceiro milênio antes da nossa era, cunhadas com essa linda história, acabaram por eternizar esse mito que fala com tanta propriedade e beleza da importância dos sonhos e do respeito ao mundo psíquico, do caminho de humanização pelo igual, do esforço exigido para se ser o que se é, do embate entre o desejo e o poder, da sabedoria contida na vivência, da potência vinculadora do feminino, do valor inestimável da discriminação advinda do masculino, do desejo tão humano da imortalidade e da juventude eterna, da dificuldade e da dor na experiência da perda e, é bom que se ressalte, da importância do registro e transmissão da história. Sou grata ao meu encontro com ela, e convido-os a igualmente usufruir de seus ensinamentos.

REFERÊNCIAS

BAPTISTA, S. M. S. *O arquétipo do Caminho – Guilgamesh e Parsifal de mãos dadas.* São Paulo: Casa do Psicólogo, 2008.

5

APEGOS, MEDO E SIMBIOSE
(2010)

INTRODUÇÃO: PADRÕES DE APEGO

Quais as possíveis ligações entre algumas figuras oriundas da mitologia grega e as diferentes formas de apego descritas por John Bowlby?[59] Podemos fazer uso dessa perspectiva para ampliar nossa compreensão da psique e o olhar para a clínica junguiana? Faço agora algumas aproximações a partir do que pude observar em minha prática, reflexões traduzidas nas ideias que se seguem.

Bowlby[60] descreve dois grandes tipos de apegos que estariam presentes desde o nascimento, a depender da relação que o bebê estabelece com os pais: o apego seguro e o apego inseguro. Segundo o autor, o modelo mental de relação é construído a partir da relação real. A criança internaliza a maneira como foi tratada, o que viveu. Os padrões estabelecidos vão se exercer nas relações como um todo, não só nas parentais, mas também na conjugalidade, e quando o "outro" é o mundo – externo e interno. A forma como foi elaborado o vivido, juntamente com a revisão dos modelos, pode fazer com que se desenvolva um apego seguro, mesmo em situações adversas. Certamente, a capacidade de resiliência do indivíduo será fator de capital importância. E cada vez fica mais claro que essa possibilidade humana de reação construtiva às violências da vida é, por assim dizer, "filha" do apego seguro. Compreendo resiliência como "uma capacidade do indivíduo de, frente a adversidades e exposição a situações de dor e sofrimento, lidar de

---

[59] BOWLBY, J. Formação e rompimento dos laços afetivos. São Paulo: Martins Fontes, 2006.
[60] Ibidem, 2006.

forma criativa com os fatos e situações agressoras, de modo a ultrapassar a crise, conservando sua integridade psíquica"[61].

No *setting* analítico, vemos como é possível, embora trabalhoso e sofrido, rever nossas matrizes e descobrirmos como nos constituímos. A partir desse olhar para dentro de nós mesmos, a constatação de que desenvolvemos um apego inseguro nos dá a chance de reformularmos nossos padrões de relações, estabelecendo novos vínculos em outras bases. A análise é uma das vias possíveis para esse trabalho, não a única, mas sobre a qual poderei melhor falar por ser este o meu campo de ação. A relação transferencial, um terreno fértil.

Mary Ainsworth e Mary Main são pesquisadoras que classificaram os diferentes padrões de apego a partir de observações das relações mãe-criança. Viram ser fundamental para o desenvolvimento adequado, a sensação de confiança na disponibilidade do adulto nos primeiros laços afetivos. No chamado "apego seguro", a criança interage bem com uma mãe sensível e capaz de oferecer respostas emocionais organizadas e estruturantes. Explora o meio e confia que a ausência do adulto cuidador é passageira. O apego seguro é aquele promovido por famílias com um desenvolvimento saudável, embasado na comunicação clara e livre. A criança sente-se segura para fazer suas pesquisas no mundo, descobrir o novo, errar e recomeçar, exercitar sua curiosidade com liberdade.

Neste texto, meu foco estará no apego inseguro e em como ele se apresenta, em especial no padrão evitador de apego. (Além deste, o apego inseguro inclui apego ansioso-ambivalente e apego desorganizado).

APEGO EVITADOR

Como o nome diz, o indivíduo que apresenta o padrão *apego evitador* evita o contato. Há o apego ao outro, mas a estratégia para não sofrer, ou para sofrer o menos possível, é ficar distante e não abrir a intimidade. A criança teve, ou entendeu o ambiente em que foi "maternada", como pouco acolhedor, ou mesmo ameaçador. O indivíduo espera ser rejeitado e tenta,

---

[61] BAPTISTA, S. M. S.; LIMA, G. "A Parceria Héstia-Hermes no Fenômeno da Resiliência. *Jung & Corpo*, n. 7, 2007. p. 49-56.

a partir dessa hipótese interna, ser emocionalmente autossuficiente. A dor é a grande ameaça ao desenvolvimento. Ao pressentir sua presença, seja de ordem física ou psíquica, o indivíduo se fecha e escapa das situações que julga perigosas. Esse processo se dá, na sua maioria, de modo inconsciente.

O dano para o desenvolvimento de uma pessoa com esse tipo de apego é sua atitude de parar de buscar. Isso anestesia o sistema exploratório, promotor de crescimento. Os comportamentos de apego e de exploração são excludentes. O sistema exploratório é acionado com situações novas, com novidades, e se desativa com a familiaridade. Esse é um padrão mais assintomático que os outros, pois a criança (ou o adulto) não reclama; ele simplesmente vive, julgando ser suficiente o que sente e percebe do mundo. Quem não se lembra da famosa frase da grande atriz Marlene Dietrich: "I want to be alone!". Ela traduz esse espírito. É também possível observar esse padrão em crianças que invertem o papel na relação parental e tornam-se cuidadoras dos pais. Numa atitude contrafóbica, geralmente com pais narcisistas e pouco sensíveis à identidade e às necessidades do filho, este se torna cuidador daqueles, numa tentativa desesperada de dar ao outro aquilo de que foi privado.

A tipologia tem um papel bastante importante nesse modelo. Carl Gustav Jung legou-nos uma grande contribuição, ao observar nas pessoas diferenças típicas, por meio das quais foi possível categorizar algumas formas de atitudes e de funcionamentos. Assim, como sabemos, há duas atitudes opostas que determinam o modo de relação entre o sujeito e o objeto, ou o meio: a atitude <u>extrovertida</u>, na qual o sujeito tem no meio seu maior estímulo, e a atitude <u>introvertida</u>, em que a subjetividade é o foco, sendo o meio, fonte de impressões. A essas se somam quatro funções organizadas em pares de opostos, a saber: pensamento e sentimento, sensação e intuição. Discorrer com vagar sobre as combinações que se desdobram daí requereria todo um livro.

Depois de Jung, outros estudiosos fizeram importantes acréscimos que enriqueceram o enfoque tipológico, o que ainda aumenta o volume de conhecimento nessa área. Entre eles destaco Myers & Myers[62] – que adicionaram importantes percepções para a atitude introvertida e desenvolveram

---

[62] MYERS, I.; MYERS, P. *Ser Humano é Ser Diferente*. São Paulo: Gente, 1997.

um método de verificação amplamente usado na atualidade, o MBTI –, e um grupo de psicólogos e psiquiatras junguianos do qual fiz parte, que propôs uma possibilidade de olhar os tipos psicológicos conjugados com figuras míticas, construindo um universo tipológico ao qual chamamos de Regências Míticas[63]. Por ora, no entanto, basta-nos saber que certas formas típicas de funcionamento opõem-se entre si e podem trazer diversos conflitos interrelacionais.

Uma mãe extrovertida, por exemplo, pode ser sentida por uma criança introvertida como extremamente invasiva e colaborar para a construção de um padrão de apego evitador, no qual esta vai se protegendo do que vem do ambiente e encapsulando cada vez mais tudo o que diga respeito à intimidade e ao mundo interno. Podemos pensar, por exemplo, que a ironia e o sarcasmo são sinais na linguagem que denunciam um possível padrão evitador de apego, uma vez que o indivíduo responde, mas se esquivando de uma comunicação mais aberta e direta. Esse quadro pode ser potencializado com o contraste de funções da consciência – pensamento, sentimento, sensação e intuição – e suas oposições. Ou, dentro do raciocínio mítico-tipológico, regências antagônicas como Afrodite e Atena, ou Ares e Apolo.

APEGO ANSIOSO-AMBIVALENTE

O apego ansioso-ambivalente estabelece-se mediante uma relação ambivalente e pouco clara da criança com o adulto cuidador. A criança sente a necessidade de se assegurar o tempo todo do vínculo que ela vive como frágil; o indivíduo adulto quer "discutir a relação". Ao contrário do que ocorre no apego evitador, o sistema de busca fica hiperativado. A ansiedade é característica desse tipo de vínculo e está presente todo tempo, bem como a sensação de abandono, o medo da separação e a necessidade premente de conquistar uma segurança em relação à ligação com o outro, uma vez que sente sua disponibilidade como incerta.

A questão tipológica também aqui se apresentará, fazendo com que as diferenças e dificuldades de entendimento agravem a ansiedade já carac-

---

[63] ALVARENGA, M. Z. et. al. *Mitologia Simbólica – Estruturas da Psique e Regências Míticas*. São Paulo: Casa do Psicólogo, 2007.

terística do vínculo. Assim, imaginando uma criança do tipo pensamento extrovertido, esta pode sentir-se totalmente incompreendida e pouco estimulada por pais introvertidos, que valorizam o silêncio e a reflexão. A necessidade de ação desse pequeno indivíduo, voltada para o pensar o mundo, sem que haja um eco em seu ambiente mais próximo, pode causar-lhe a impressão de total abandono e fazer com que cheque inúmeras vezes se sua percepção está correta, buscando no contato com os pais uma segurança aparentemente inexistente.

APEGO DESORGANIZADO

O apego desorganizado se destaca dos dois anteriores, pois não conta com uma estratégia organizada para lidar com a frustração, com o trauma ou com qualquer adversidade. A criança não consegue construir um apego. Muitas vezes são crianças ansiosas e sistematicamente rechaçadas, que não alcançam compreender que modelo seguir e acabam por apresentar comportamentos bizarros. A confusão e a apreensão estão marcadamente presentes. Nos transtornos *borderline,* nós podemos identificar o padrão de apego desorganizado, num quadro de oscilações radicais de humor, de comportamentos autodestrutivos importantes e uma dificuldade marcante de estabelecimento de vínculos seguros e duradouros. Muitas vezes, esses indivíduos sofreram abusos sexuais ou de outra ordem, violências que deixaram marcas indeléveis e que prejudicaram sua capacidade de crescimento saudável.

Levando em conta esse modelo, busco imaginar como teriam se constituído os padrões de apego em divindades míticas gregas, e como poderíamos entender a forma de elaboração desses padrões a partir de uma leitura simbólica desses personagens e suas histórias.

Por que pensar esses padrões em personagens míticos?

OS DEUSES E OS APEGOS

A ideia é que possamos considerar os deuses gregos como metáforas do humano e de seu funcionamento, uma vez que podemos constatar no desenrolar de suas histórias aquilo que Alvarenga[64] chamou de "caminhos de humanização". Trata-se de feitos, casamentos, filhos e batalhas vividas pelas divindades, que indicam um modo peculiar de manejo das situações e emoções e que traduzem possíveis formas de humanização dos arquétipos que os deuses representam. Cada deus grego é descrito como tendo nascido em um específico contexto, tendo realizado tais ou quais tarefas e se relacionado com certas figuras de uma ou outra forma particular. Quando unimos a caracterização de certo deus com um ser humano de carne e osso, que possui uma tipologia mítica tal qual a descrevemos em *Mitologia Simbólica*, obtemos dados preciosos a respeito do seu padrão de funcionamento, tendo a mítica a nos ampliar as maneiras de encarar os caminhos que se deslindam para aquele indivíduo, ao mesmo tempo tão singular e tão coletivo.

Ao lado da compreensão do estabelecimento de vínculos desde a tenra infância, descrita por Bowlby[65], caracterizando a forma de apego da criança, que marcará sua relação com o mundo, encontrei em James Hollis[66] ideias sintônicas, que me levaram a refletir mais além. Afirma Hollis que "a qualidade de todos os nossos relacionamentos depende diretamente da qualidade da relação que mantemos com nós mesmos". Faz tal colocação depois de sublinhar que:

> Precisamos aceitar que a natureza de todos os nossos relacionamentos resulta das nossas primeiras relações, que internalizamos e experimentamos como relacionamento inconsciente e fenomenológico também com nós mesmos. Desse relacionamento advém a profundidade, a substância e o conteúdo de todos os outros.[67]

E, ainda, Hollis diz que: "A leitura fenomenológica do mundo cria a sensibilidade da criança; dessa sensibilidade decorrem a estrutura da personalidade e as estratégias de sobrevivência".[68]

---

[64] ALVARENGA, 2007, p. 69-77.
[65] BOWLBY, 2006.
[66] HOLLIS, J. *O Projeto Éden – A Busca do Outro Mágico*. São Paulo: Paulus, 2002.
[67] Ibidem, p. 14.
[68] Ibidem, p. 19.

Na minha observação dos padrões de apego em meus pacientes no consultório, pude identificar que, quando se trata da qualidade do padrão de apego <u>com a mãe</u>, as características daquele padrão são levadas para as **relações e vínculos**, enquanto o padrão de apego <u>com o pai</u> tende a definir um tipo de relação com a **ação no mundo**. Na mítica é possível destacar o papel do feminino de gestar as ideias na promoção do cuidado, enquanto a ação é executada pela mão do masculino, desde Geia, Urano e Crono. Podemos considerar que, tradicionalmente, coube à mãe o cuidado com seu rebento, e ao pai prover o seu sustento por meio de sua ida ao mundo. A discussão de papéis, suas raízes arquetípicas e suas manifestações no coletivo de forma humanizada é extensa e mereceria uma atenção especial. Peço licença ao leitor para contentar-se, por hora, com algumas observações clínicas.

Assim, se a pessoa traz um padrão evitador com a mãe, tende a desenvolver relações amorosas, por exemplo, marcadas pela desconfiança, pelo distanciamento, muitas vezes pela timidez e repressão de iniciativas que a façam sentir-se exposta, coisa que provocaria uma sensação de ameaça não suportável. São pessoas que têm dificuldades de se vincular e buscam garantias de amor em seus contatos, estando constantemente ameaçadas com a ideia de abandono ou não compreensão por parte do outro. Preferem, às vezes, não se relacionar, e sofrem em silêncio.

Hades pode ser apontado como fazendo parte desse tipo de apego. Sua mãe, Reia, obedeceu a Crono quando este exigiu engoli-lo, sem demonstrar nenhuma rebeldia contra ato tão terrível. O pintor espanhol do século XVIII, Francisco José de Goya y Lucientes, tem desse episódio uma figuração magnífica, que nos transmite o horror do devoramento. Hades só foi devolvido à luz por seu irmão caçula, Zeus, este sim, protegido pela mãe, que lhe proporcionou um apego seguro ao, entre outras coisas, intervir contra seu aprisionamento no interior do pai. Reia estrategicamente deu a ele uma pedra no lugar da criança e criou Zeus à distância, até que ele pudesse pôr fim àquela cruel situação.

Hades vive recluso nos Ínferos, território a ele destinado na parte do inventário dos mundos que lhe coube (tendo Zeus ficado com o Olimpo, e Posídon com os mares). Dali, só sai à superfície por duas vezes: uma, por causa de uma dor insuportável, depois de ser ferido acidentalmente por Héracles, e outra para raptar Core (por quem se encantou quando de sua emersão para ser curado pelo deus médico Peã-Apolo). O homem regido por Hades apresenta muitas vezes padrão evitador de apego com a mãe e revela uma grande dificuldade em estabelecer relações. Como Hades, pode realizar um esforço "hercúleo" de sair de seu recato e emergir na superfície do mundo visível num único e derradeiro ato, para buscar um amor possível; mas há que ter, como o deus, a sorte de um encontro fértil. Caso contrário, é capaz de permanecer recluso por toda a vida, recolhido em sua interioridade, vítima de seus complexos.

O mesmo padrão de apego na relação com o pai influenciará a forma também assustadiça e desconfiada com que se lançará no mundo do trabalho, da ação prática. Esses indivíduos buscam profissões em lugares onde não necessitem confronto com outros, onde a experiência concreta se faça em silêncio, longe de desafios extrovertidos, com o mínimo de provas possíveis. Hefesto é um bom exemplo disto. Rejeitado pelo pai – além da mãe -, é o deus *faber*, que se recolhe no interior da terra, em suas forjas, depois de ser chutado do Olimpo e recolhido por Tétis no fundo do mar. Tem toda uma atividade retirada, nos meandros dos vulcões, onde confecciona armas e joias de forma absolutamente introvertida.

MEDO

Por trás de toda a experiência parental primária, existe um sentimento básico que é o **medo do abandono**. A estratégia para lidar com a dor e a frustração detectável no padrão ansioso-ambivalente é o controle, que em demasia traz um enrijecimento patológico na psique. Quando falha, deixa vazar a ansiedade – que dá o tom nessa forma de vínculo – e faz da neurose um alerta para uma possível cura. Já apontei acima que, no apego desorganizado, a pessoa não encontra tais estratégias disponíveis. As que lança mão caracterizam-se como bizarras, desadaptadas, caóticas, muitas vezes trazendo riscos significativos ao próprio indivíduo.

Gostaria de discorrer um pouco mais detalhadamente sobre o padrão **evitador**, no qual é possível identificar a estratégia da fuga como expectação de enfrentamento da exclusão vivenciada. Aí está instalada a crença na autossuficiência. Ao mesmo tempo, pude observar que o contraponto dessa atitude de evitação e fuga é a **simbiose** – entendida como uma busca de interdependência marcada por uma indiscriminação e inconsciência.

Pode parecer contraditório, mas o indivíduo que no mundo das relações afetivas evita-as, quando numa situação de vínculo – também afetivo -, pode desenvolver, igualmente, uma simbiose com seu pretenso objeto de amor. É como se, enantiodromicamente (num movimento pendular que vai de um polo a outro), houvesse uma busca desesperada de encontro com um amor do qual carece. O outro, antes evitado para que não houvesse a repetição da frustração primária, vira depositário das projeções. O que muitas vezes ocorre é que a relação simbiótica, por suas características de sufocamento e impedimento da existência da pessoa na sua individualidade, acaba gerando um novo afastamento e "comprovando" a tese inicial da pessoa de que o melhor a fazer é mesmo evitar o contato. Quando o padrão de apego é absoluto, também o são as regras a que o indivíduo submete seu mundo. **Toda** relação, portanto, deve ser evitada. Inconsciente do que se passa, ele não se dá conta de que oscila entre o excesso e a ausência, polos de uma mesma gangorra relacional.

Hollis[69] afirma, consoante essa ideia, que há duas categorias de trauma na vida: a ferida do excesso e a ferida da insuficiência.

No exemplo escolhido, de Hades como um deus com apego evitador nas relações, vemos no mito uma possibilidade de resolução interessante. Apesar da dificuldade do deus em se relacionar com o que está fora, o enfrentamento da situação e o encontro com Core – que por sua vez teve um apego evitador de características simbióticas com a mãe Deméter -, deu a ele, como também a ela, uma oportunidade de re-significação dos vínculos. Como sabemos, tanto Hades quanto Core – mais tarde denominada Perséfone – aprenderam uma nova forma de relacionamento e saíram da condição de simbiose e indiscriminação. Ele, capaz de abrir mão de sua presença durante um terço do ano; e ela, de fazer sua viagem à superfície sem a presença dele, ambos inteiros, constituindo o casal mais representante

---

[69] HOLLIS, 2002.

de um amor maduro no Olimpo, – e, segundo Kerényi[70], pais do quarto regente, Dioniso. É importante acrescentar que as histórias de Hades e de Perséfone têm características diversas. Hades é devorado pelo pai e somente com o nascimento de seu irmão Zeus viu acontecer a iniciativa da mãe em reverter a situação causada por Crono. Perséfone, por sua vez, viveu um engolimento simbólico da mãe Deméter, tendo a simbiose entre as duas passado de um limite esperado na relação mãe-filha, tornando necessário um afastamento concreto para que a pequena Core se transformasse na adulta Perséfone. O encontro de ambos, com suas feridas relacionais e dificuldades vinculares, no entanto, fez-se profícuo e fértil.

Cabe concluir que a consciência dos padrões que nos constituem é de importância fundamental. A isso, soma-se a sabedoria dos mitos e deuses enquanto expressões arquetípicas, cuja compreensão simbólica só vem nos enriquecer e instrumentalizar.

Encontro em Carlos Drummond de Andrade, nosso poeta maior, sintonia nas "helênicas" palavras escolhidas para descrever a busca, o encontro, a paixão que todos desejamos, apego seguro, porto almejado:

A Paixão Medida[71]

Trocaica te amei, com ternura dáctila
e gesto espondeu.
Teus iambos aos meus com força entrelacei.
Em dia alcmânico, o instinto ropálico
rompeu, leonino,
a porta pentâmetra.
Gemido trilongo entre breves murmúrios.
E que mais, e que mais, no crepúsculo ecoico,
senão a quebrada lembrança
de latina, de grega, inumerável delícia?

---

[70] KERÉNYI, K. *Dioniso*. São Paulo: Odysseus, 2002. p. 209.
[71] ANDRADE, C. D. A Paixão Medida in *Poesia Completa*. Rio de Janeiro: Nova Aguilar, 2003. p. 1189-1190.

REFERÊNCIAS

ANDRADE, C. D. A Paixão Medida. In: *Poesia Completa*. Rio de Janeiro: Nova Aguilar, 2003.

ALVARENGA, M. Z. Caminhos da humanização. *Junguiana*, São Paulo, n. 22, 2004.

ALVARENGA, M. Z. et al. *Mitologia Simbólica – Estruturas da Psique e Regências Míticas*, São Paulo: Casa do Psicólogo, 2007.

BAPTISTA, S. M. S.; LIMA, G. "A Parceria Héstia-Hermes no Fenômeno da Resiliência. *Jung & Corpo*, n. 7, 2007.

BOWLBY, J. *Formação e rompimento dos laços afetivos*. São Paulo: Martins Fontes, 2006.

HOLLIS, J. *O Projeto Éden – A Busca do Outro Mágico*. São Paulo: Paulus, 2002.

KERÉNYI, K. *Dioniso*. São Paulo: Odysseus, 2002.

MONTORO, G. M. C. F. *Aplicações Clínicas e Diálogo com a Psicologia Analítica*. Trabalho de Conclusão de Curso (Monografia) – SBPA – Sociedade Brasileira de Psicologia Analítica/SP, São Paulo, 1994.

MYERS, I.; MYERS, P. *Ser Humano é Ser Diferente*. São Paulo: Gente, 1997.

6

VÍNCULOS VENENOSOS
(2011)

*Quando o alicerce da raça não é
corretamente posto, é inevitável
a má sorte dos descendentes.*

Eurípedes[72]

INTRODUÇÃO

A questão do abuso psíquico familiar tem me interessado sobremaneira há tempos. Presencio no consultório relatos de pacientes que se queixam de situações abusivas vindas de seus parentes – pais, mães, irmãos e irmãs, filhos – nas quais parecem ficar petrificados frente ao argumento totalmente improcedente, mas aparentemente suficiente, de que "Mas ele é o meu pai!", ou "Ela é minha mãe!" etc. A afirmação parece não ter fundamento quando examinamos o contexto de onde vem.

Trata-se de claramente, para os olhos do analista, de um grilhão que aprisiona o paciente ao seu complexo parental de tal forma e que soa tão óbvio, mas cujo rompimento faz-se muito, talvez incrivelmente, penoso, quando não impossível. Muitas vezes, o próprio paciente tem consciência do que o aflige ou daquilo que o prende a uma dinâmica perversa, obrigando-o a girar em torno de si mesmo e de seu complexo, sem conseguir favorecer o livre fluxo da energia vital. O represamento desse *quantum* energético colabora para a sensação de beco, de falta de saída absoluta, que sufoca e mina as esperanças de uma transformação. O paciente queixa-se de repetir

---

[72] EURÍPEDES. *Héracles*. Tradução de Cristina Rodrigues Franciscato, São Paulo: Palas Athena, 2003. v. 1261-2, p. 145.

as mesmas histórias, mas não consegue vislumbrar uma alternativa. Às vezes, chega a abandonar o tratamento, com sentimentos de vergonha e medo. As projeções ocorrem na direção do analista, visto como o vilão que "quer que eu abandone o meu próprio filho!", ou afirmação semelhante que o alivia da culpa e o joga de volta à dinâmica que intentava sair.

Dois belos filmes tratam de perto desse assunto e são eles fruto de duas direções importantes, além de maduras. Cito a questão da maturidade, pois me parece significativo e instrutivo observar o que esses grandes diretores de cinema – produtos de uma época, e expressões de seu tempo cultural e pessoal –, o que, repito, e como estão sentindo determinadas questões, e de que forma as traduzem para nós. Falo de Francis Coppola, com seu **Tetro**, e Clint Eastwood, com *Além da Vida*. Ambos os filmes tocam na questão do abuso nos vínculos familiares, o primeiro de forma direta, e o segundo mais sutilmente. Na verdade, Eastwood tem colocado esse tema em muitos de seus filmes, destacando-se *Menina de Ouro* e *Gran Torino*, nos quais as famílias dos personagens centrais mostram-se perversas e cruéis, cobertas com um glacê de falsa bondade que logo se derrete e deixa à mostra toda a acidez, e por que não dizer podridão, ocultas.

CINEMA 1: FRANCIS COPPOLA

Tetro fala de um retorno. Um rapaz toca a campainha no meio da noite na casa de seu irmão, que se mudou para a Argentina havia anos. Sem saber de um pedaço de sua história, fantasia encontrar alguém acolhedor, apesar da amargura por ter sido abandonado sem muitas explicações. Ângelo – rebatizado como Tetro na nova vida – era para ele uma espécie de herói.

Em **Tetro**, o pano de fundo é a relação pai e filho, relembrada em cores, quando Bennie, o irmão, encontra-o na inesperada visita. É interessante como a inversão do jogo de luzes – o preto e branco para as imagens atuais, e a cor para as passadas –, faz sentido com a realidade psíquica. O passado é vívido e presente, está em cores à medida que é evocado, enquanto a vida atual segue pálida e cinzenta.

O pai-maestro, "o Maioral", como Tetro o chama, é uma personalidade narcísica cujos interesses estão voltados completamente para si próprio.

Numa cena mais no fim do filme, vemos que é a encarnação da visão de Tetro dos picos gelados e brilhantes a caminho de sua consagração como escritor. Montanhas geladas e reluzentes como a relação com um pai incapaz de dar amor, ou sequer enxergá-lo como alguém. Não há hostilidade flagrante, pois na verdade o filho mal existe. "Só há lugar para um gênio na família" ele avisa, fazendo-se claro sobre o lugar da mediocridade reservado para Ângelo-Tetro. Um verdadeiro Crono engolindo os filhos.

O abuso não fica apenas na rivalidade entre pai e filho na questão intelectual. Ângelo apresenta sua namorada ao pai, e este a seduz (na linguagem chula, ele também a "come"), marcando de forma igualmente devoradora sua superioridade, sua invencibilidade. E uma terceira perversidade é arbitrada pelo popular e querido maestro Carlo: o filho que Tetro plantou no ventre de sua namorada, Naomi, será "confiscado" ou "sequestrado" como dele; rouba de Ângelo o direito de exercer-se também como pai. Carlo apropria-se de tudo do filho: seus anseios de ser um escritor, sua namorada, seu filho, seu futuro, sua autoestima. Despotencializa-o por completo.

A imagem (a aparência, a *persona*, a etiqueta, o protocolo, o mundo da fama) impera para Carlo. Este impede que Ângelo seja ele mesmo. A imagem de uma mariposa na luz dá bem a ideia da atração que sentimos pelo calor, acompanhada pela inconsciência do risco de morte ali contido. O vínculo paterno nessa família age como uma lâmpada que atrai, e mata, calcina, seduz para eliminar.

Contudo Ângelo morreu para nascer Tetro. As mudanças de país, de língua e de nome falam de um renascimento, ou uma tentativa de recomeço.

A necessidade de distância física nesses casos de abuso é absolutamente necessária. A simples presença ou proximidade do abusador constela a situação de abuso e o vínculo viciado, levando à recaída.

Tetro adoece psiquicamente e é tratado em uma clínica psiquiátrica por uma mulher que por ele se apaixona. Os dois se unem e ele consegue superar seus traumas. Nesse período escreve um livro a todos incompreensível, grafado em garranchos que parecem não ter significado algum. Ficam esquecidos em malas velhas, abandonadas em um canto da casa.

A palavra *Tetro* vem do latim e significa "negro, escuro, sombrio". É na sombra que ele irá reconstituir uma nova família composta de mulher e amigos, na qual o amor genuíno tem lugar. A escrita especular que faz de suas memórias nessa viagem para longe do ambiente tóxico, o seu desejado livro, mostra o quanto o indivíduo Ângelo – que significa anjo! – ficou escondido como mero reflexo de um homem.

A chegada de Bennie traz consigo o passado e suas dores; suas cores. No início do filme, Tetro está com a perna direita engessada, após ter sido atingido por um caminhão. Como uma espécie de Jasão, Tetro faz-se um herói manco e covarde, que não exerce seu *daímon* (o chamado interior para se ser o que se é) e foge da dor, acreditando ser capaz de evitar seu destino. Bennie também é atropelado mais tarde e "repete" o ferimento de Tetro. Seu acidente muda o curso da história. Pernas imobilizadas que dificultam o caminhar. É possível se locomover, mas há que se levar junto aquele peso. Tetro e Bennie sabem o que isso significa. Essa é uma bela imagem da restrição que o abuso traz no percurso, bem como da repetição de padrões. É revelado em seguida, ser Bennie filho de Ângelo-Tetro, e não seu irmão, como acreditava.

É esse filho quem traz a redenção de Tetro, que por sua vez acolhe-o e o salva das luzes ofuscantes que cegam e podem matar. Tetro certamente ficou muito tempo preso no pai abusador, até ter consciência, ou pelo menos vislumbrar a necessidade de afastar-se para sobreviver a ele. Reescreve sua história de pai ao incluir Bennie e, ao mesmo tempo, reinventa-se. Despreza a fama e notoriedade que viriam com seu livro. (A crítica literária badalada que julgará seu trabalho chama-se, ironicamente, Alone). Depois de contar sua verdadeira história a Bennie e revelar o segredo guardado há tantos anos, consegue também expressar seu pouco-caso ou indiferença à avaliação de seu produto. Definitivamente, não era a fama ou o reconhecimento externo o que buscava. Pode finalmente ser ele mesmo. Não nos esqueçamos de que Carlo morre concretamente, catalisando todo esse processo.

As palavras escritas por Tetro e libertadas do papel pelo espelho de Bennie arejam a história reprimida e fazem com que o poder do complexo não mais deforme o seu mito pessoal. O jogo de luz e sombra, a cegueira frente às situações mobilizadoras, a dor do abuso psíquico de ver-se roubado de si mesmo, as situações repetidas – como a citada da perna, ou ainda o apaixonamento por Miranda, a psicóloga que o enxerga e inclui e que deixa no ar uma proximidade com hábitos ligados ao ballet, tal como Naomi, uma bailarina, seu primeiro amor e a mãe de Bennie–, todos esses elementos e tantos outros fazem de **Tetro** um filme primoroso que nos põe a refletir sobre os vínculos venenosos e suas consequências.

CINEMA 2: CLINT EASTWOOD

Além da Vida começa com uma cena de "tsunami" na qual uma das personagens principais é levada, tem uma experiência de morte e volta à vida. Uma outra mulher, em outra parte do planeta, é viciada grave e seus filhos gêmeos protegem-na do serviço social que quer interditá-la e separá-los. Um deles é atropelado e morre, mudando o rumo da vida dos três e forçando a inserção do jovem em outra família. Em outra localidade George vive uma vida de trabalhador braçal, na tentativa de ficar afastado de um dom que possui: a vidência.

Em *Além da Vida*, o veneno está mais escondido. As três histórias cruzam-se e acabam por revelar um Clint Eastwood otimista, apesar de tudo. A morte está no centro; ou nas beiradas.

A mulher drogada e seus filhos gêmeos são exemplo do modelo familiar às avessas, em que as crianças tomam o papel de cuidadoras do adulto – no caso, a mãe. Há uma inversão perversa que faz com que os filhos amadureçam antes do tempo e passem a zelar por um mínimo de sanidade mental, às vezes até mesmo física, privadas de infância, e marcadas em seus futuros vínculos amorosos e relacionais.

Em paralelo, Marie, a jornalista de sucesso é sub-repticiamente abusada pelo namorado que aparentemente a ajuda ao lhe propor férias depois da experiência devastadora do afogamento. Garante seu lugar na instituição onde trabalha, mas posteriormente revela-se um abandonador. Não fica claro se ele é casado, ou se moram separados numa relação de namoro. Ele é incapaz de acompanhá-la no que ela pede: comprar presentes para as filhas dele, ouvi-la em seu relato da experiência traumática vivida, compreendê-la na mudança de foco de seu livro, acolhê-la na sua intenção de voltar à vaga anteriormente garantida.

O personagem vidente é outro abusado pelo irmão. Aparentemente interessado no bem-estar de George, Billy demonstra uma funesta expectativa em vê-lo transformar seu dom – maldição? – em renda, incluindo-se como administrador, é claro. Não o ouve quando George procura fazê-lo entender que as comunicações que faz com a além vida, o exaurem emocionalmente e o impedem de viver o aqui-agora.

O filme ilustra vínculos abusivos e venenosos de uma forma não devassada como em *Tetro*, ou mesmo em outros filmes de Eastwood citados (Em *Menina de Ouro*, a perversidade da família de Meggie chega a ser quase caricata, bem como sua cegueira e desejo de ser amada a qualquer custo). A violência insinua-se em situações aparentemente corriqueiras e dignas de pena ou resignação. O que torna o filme ainda mais interessante para refletir sobre essas indagações é a solução que o diretor dá para as três histórias: os personagens principais de cada uma das três tramas seguem seu *daímon*.

A jornalista francesa, Marie, apesar da sensação de estranheza advinda das alucinações vividas no acidente na Tailândia, leva-as em conta e vai tentar compreendê-las procurando quem tenha a coragem de abordar o tema da morte de perto. A doutora no assunto adverte-a: estará sozinha nessa jornada. No mundo científico e materialista em que vivemos, perderá seu crédito e será vista como louca; mas ela resolve ir fundo, não mais no pós-morte do presidente François Miterrand – o tema do livro que se propusera a escrever e que significaria permanecer no terreno do ego heroico que ela já conhecia – mas na pós-morte vivenciada por ela própria. Terreno pantanoso e incerto.

Também George teve suas visões associadas à loucura. A ciência o diagnosticou como esquizofrênico passivo (sic), deu-lhe pílulas e o colocou à margem. Ele precisou romper com esse rótulo, e a princípio deixou-se abusar pelo irmão para ganhar a vida com sua capacidade de clarividência. Porém concluiu que viver baseado na morte não era ter vida alguma. As duas "leituras" – ou conexões com além vida – que realiza já na fase em que se recusa a fazer uso de seu dom, são sobre abusos (por insistência do irmão, aceita receber um amigo deste, e vê que ele manteve um caso com a enfermeira da mulher em sua própria casa, enquanto esta padecia de uma doença incapacitante; igualmente, sem conseguir fugir ao pedido da colega do curso de culinária por quem se interessou, fica sabendo que ela foi abusada sexualmente pelo pai).

George segue seu *daímon*, quando deixa o irmão acreditar que iria retornar à vidência, e parte em direção à terra de Charles Dickens, seu escritor predileto, sua paixão, a única coisa que aquece seu coração em um cotidiano repetitivo e solitário. Com isso, põe em movimento o fluxo da vida novamente, rompendo com o abuso.

Marcus é o gêmeo sobrevivente – seu irmão Jason morreu atropelado por um caminhão- que não hesita em roubar o dinheiro da família que o acolheu temporariamente, tendo também sua sanidade questionada. Sua intenção é fazer contato com seu irmão amado. Sofre intensamente a perda daquele que julgava ser o portador da sabedoria e da ação da dupla. Ele era apenas o mais tímido, com dificuldades na escola, mais introvertido. Encontra muitos charlatões em um universo de adivinhos, e aprende a discriminá-los. Não descansa até encontrar George, que o faz compreender o que se passou com Jason. Marcus, por sua vez, "vê" em George o que este nega ou hesita em admitir: o interesse por Marie. George encontrara Marie quando do lançamento do livro da jornalista, e os dois trocaram olhares e sentiram-se atraídos. Marcus retribui a leitura (vidência) recebida com um presente digno de Eros. Faz as vezes de cupido e os coloca em contato. É a criança, o elemento de conexão das três histórias.

Dessa forma, nenhum deles abandona seus destinos, ou antes, os seguem, mesmo que para isso tenham que romper com laços presumidamente inquebrantáveis. Saem do abuso e propiciam a retomada da circulação da energia na direção oposta à neurose.

ABUSO PSÍQUICO E MORTE

Os dois filmes são expressões recentes de como o abuso instala-se nas relações familiares e quão deletérios são seus efeitos. O modelo parental é fundante na personalidade do indivíduo. A dificuldade em romper com vínculos duradouros de caráter familiar, mesmo que esses sejam nocivos à saúde psíquica é algo muito frequente nos nossos consultórios. O amor romântico bem como a ideia do amor filial e familiar indissolúvel e eterno é um dos maiores tóxicos com os quais as sociedades se narcotizam. Filhos que ficam atrelados a pais violentadores com a justificativa de que são seus pais, ou pais aprisionados no exercício vicariante de viver as vidas dos filhos, irmãos que roubam irmãos em situações de fragilidade, de rivalidade, ou ainda casais vivendo relações já há muito terminadas, apodrecidas, repetindo o modelo vivido com os pais, amedrontados de ousar buscar o novo; estas e muitas outras situações demonstram o quanto os vínculos venenosos eternizam dinâmicas neuróticas, por vezes mesmo psicopáticas.

A necessidade de quebra dessa corrente e a busca de uma nova "família" na vida adulta é absolutamente imprescindível para a saúde psíquica – pessoal e coletiva. É preciso que o filho encontre novos modelos de pai e mãe capazes de proporcionar a vivência de pertencimento, tão essencial ao humano em nós. Será necessário sair em busca de novas irmandades, novas parcerias, em que a rivalidade e a competição deem lugar ao companheirismo e à colaboração. Não falo de uma expectativa ilusória de uma vida sem problemas. Falo da tessitura de relações em outras bases; do abandono da casa assentada em terreno arenoso para a reconstrução de uma nova com fundações sólidas. Refiro-me à manufatura de pontes que possam efetivamente conduzir à paternidade, maternidade e fraternidade de si próprios.

NA CLÍNICA

Petra tem 35 anos e é uma mulher atormentada pelos seus medos. Teme ficar velha e não ser mãe, teme não conseguir concretizar seu projeto de terminar um doutorado, teme não ser capaz de levar adiante seu casamento, teme não corresponder à expectativa de sua mãe e desapontá-la, teme perder o vínculo com o pai, teme permanecer sozinha na vida. Tem planos de ter um filho, mas seu casamento é absolutamente árido e infértil. Há anos não tem relações sexuais com o marido e mantém com este uma espécie de amizade, alternando momentos de muita afinidade e tranquilidade, com outros de brigas intermináveis beirando às agressões físicas. Já estão juntos há 10 anos e sente-se cobrada pelos outros e por si mesma quanto a filhos. Seus planos de maternidade, no entanto, parecem constituir-se em algo puramente mental. Sempre se imaginou como parceira, e não como mãe. Investiu em sua carreira profissional e sente que é aí que pode se realizar. No entanto, mesmo profissionalmente, está insatisfeita, uma vez que seus projetos não a animam e não a completam.

Os pais separaram-se quando era pequena – em torno dos seus 6 anos. Não se dá conta de que, em seu casamento, reproduz incansavelmente a tentativa de fazer valer o casamento frustrado dos pais. No início da vida adulta, mudou de cidade, mas manteve um forte vínculo com a cidade natal, sempre visitando a mãe. Fazia questão de buscar o pai, sendo ela quem sempre tomava a iniciativa. Via-o de uma forma idealizada, e seu processo analítico começou a se mover quando seu chão indicou sinais de terremoto: o pai procurou-a para lhe pedir dinheiro emprestado, numa situação claramente abusiva, fazendo cair por terra a imagem que dele preservou durante tantos anos.

Despertar para essa verdade trouxe-lhe raiva e tristeza, mas também muitas lembranças, a possibilidade de repensar a sua parentalidade e a necessidade de se desapegar daquilo que a mantinha atada a um passado perverso e abusador. Não construiu nesses anos todos, nenhuma rede social, e sua mãe foi sua única amiga. No entanto, com a tomada de consciência de sua própria história familiar, passou a buscar fazer amigos e, com muito esforço e perseverança, tecer novos vínculos que saíssem do contexto endogâmico a que se prendeu.

CONCLUSÃO

Alice Miller alerta-nos para a incapacidade de recordarmos o comportamento contraditório e absurdo de nossos pais numa época em que éramos crianças pequenas e indefesas, obrigadas a reprimir a dor e a raiva. "Mas no momento em que esses sentimentos afloram e são relacionados com situações passadas, ocorre uma mudança".[73]

O abuso em Petra está em seu isolamento do mundo. Como Tetro, mata em si seus talentos e deixa sua história aprisionada em uma mala velha esquecida num canto. Não se arrisca. Paralisa-se no medo. Não se apropria

---
[73] MILLER, A. *O drama da criança bem dotada*. São Paulo: Summus, 1996. p. 99.

da própria maternidade. Repete padrões, do mesmo modo como faz Tetro. A distância dos pais que tentou imprimir à vida quando se mudou de sua cidade natal não foi suficiente para propiciar de fato uma reflexão sobre si mesma, sobre um destino diferente. Entretanto a solidão e a situação crítica fazem-na começar a se questionar se há vida além da angústia que sente. Há uma possibilidade de transcender ao que parece estancado. Há a alternativa de dizer *não* ao abuso do pai e buscar novas relações saudáveis para lá das fronteiras parentais.

Analogamente à descoberta de sentido nos garranchos de Ângelo-Tetro, Petra discrimina e compreende o percurso que está traçando e passa a querer escolher. Morre para uma personalidade que não mais a alimenta, questiona sua relação com mãe, pai e irmão, não tolera mais pequenos e cotidianos despotismos, abre espaço interno para o novo.

Na medida em que a energia represada na repetição de um padrão abusivo é liberada, ou mesmo quando ainda não temos plena consciência do que se passa, mas algo em nós nos afasta da situação tóxica, – como quando o corpo nos avisa com vômitos e reações de expurgo que não podemos ingerir ou processar determinada substância – há um novo caminho a seguir. Este aponta para a avaliação da herança parental e a mudança da direção do olhar: não mais para trás, mas para os lados e para frente. É hora de construir novos laços, escolher uma nova família social mais condizente com a verdadeira personalidade que começa a aflorar. Dizer "não" aos pais e irmãos, tios e parentes biológicos é doloroso, sofrido e difícil, muito difícil; porém, no contexto da violência, absolutamente vital. Essa é uma escolha entre o veneno e o remédio, a droga e o fármaco, o falso *self* e o *self* daimônico.

Em Hermes e seus filhos, López-Pedraza declara que a psicoterapia pode ser concebida "como um processo dedicado a movimentar hermeticamente aquela parte da psique que foi paralisada pela história de vida ou pelas experiências da pessoa".[74] O autor recorda-nos, e nesse caso, é sempre saudável repetir, o primeiro ato de Hermes: cantar seu pai e sua mãe.

> Naquele primeiro momento, ele imediatamente estabeleceu com eles um vínculo adequado, eliminando de uma vez por

---

[74] LÓPEZ-PEDRAZA, R. *Hermes e seus filhos.* São Paulo: Paulus, 1999. p. 7.

> todas as especulações em torno de ligações positivas e negativas, de complexos paterno e materno, de vergonha perante a sexualidade dos pais, de culpa por ter sido fruto do amor.[75]

Estamos falando de um deus, e, portanto, de uma expressão arquetípica. Vemos aí a força do arquétipo manifesta no complexo parental e sabemos com que intensidade ela nos centrifuga para uma direção única. A busca do nosso centro pessoal, desgarrado do complexo parental é a própria *opus contra naturam*, impulsionando-nos a lutar contra forças terríveis, e cuja peleja é em si mesma, a vida e a possibilidade de reinvenção do humano.

A possibilidade de reinventar o próprio passado, como fez Tetro depois da entrada de Miranda (a que mira, a que olha) em sua vida e a chegada inesperada de Bennie, lendo seu livro e fazendo-o recontar a sua história, são analogias importantes para entendermos o movimento psíquico em direção ao criativo. Do mesmo modo, Marie escreve sua experiência, e se faz ouvir por muitos, movimentando também a energia psíquica no sentido de um encontro com o novo. Um futuro inédito desenha-se para os que encaram seu *daímon*, para os que ouvem o chamado da alma.

Petra, ao questionar o que lhe parecia tão inquestionável – o amor do pai, a maternidade como consequência do casamento, o casamento como eterno, e tantas outras "naturalidades" – abre para si alternativas nunca imaginadas. A expressão artística tem um papel fundamental nessa retomada do fluxo da energia vital. Petra, assim como Marie e Tetro, buscou na escrita uma expressão para as suas questões e descobriu ali um terreno fértil para fazer brotar suas ideias, sua imaginação, suas versões. Começa a perceber, como Marie, que sua solidão pode não ser tão assustadora assim, uma vez que todos também a vivem, cada qual a sua; quando conta a sua visão dos fatos, mesmo que não compartilhada por muitos, há sempre de encontrar quem a compreenda. Há uma história pessoal a ser contada e que vale a pena. Essa percepção é libertadora.

Todo esse movimento impulsionou Petra a deixar morrer em si os vínculos que a envenenavam, mirar seu passado de outra perspectiva, e assim criar espaço interno para se reinventar e inaugurar em seu presente vínculos de outra qualidade, saudáveis, agora escolhidos.

---

[75] Ibidem, p. 55.

Convido o leitor a ver – ou rever os filmes mencionados – e fecho essas reflexões com um poema de Ferreira Gullar, em toda a sua sabedoria de quando octogenário poeta.

O Que Se Foi[76]

O que se foi se foi.
Se algo ainda perdura
é só a amarga marca
na paisagem escura.

Se o que se foi regressa,
traz um erro fatal:
falta-lhe simplesmente

ser real.

Portanto, o que se foi,
se volta, é feito morte.

Então por que me faz
o coração bater tão forte?

REFERÊNCIAS

EURÍPEDES. *Héracles*. Tradução de Cristina Rodrigues Franciscato, São Paulo: Palas Athena, 2003.

GULLAR, F. *Em alguma parte alguma*. Rio de Janeiro: José Olympio, 2010.

HOLLIS, J. *O Projeto Éden*. São Paulo: Paulus, 2002.

LÓPEZ-PEDRAZA, R. *Hermes e seus filhos*. São Paulo: Paulus, 1999.

MILLER, A. *O drama da criança bem dotada*. São Paulo: Summus, 1996.

---

[76] GULLAR, F. *Em alguma parte alguma*. Rio de Janeiro: José Olympio, 2010. p. 45.

7

EX-MÃE, EX-PAI, EX-FILHO: A DATA DE VALIDADE DAS RELAÇÕES (2012)

Em tempos de tempestades,
diversas adversidades,
eu me equilibro, e requebro.
É que eu sou tal qual a vara
bamba de bambu-taquara.
Eu envergo mas não quebro.

Lenine[77]

Diversas adversidades, diz a música. Foi pensando nesse viés do tema *Diversidades* que comecei a tecer as ideias que estavam me instigando. O tema das relações humanas me é caro. O trabalho clínico de consultório tem aí sua matéria prima. Falamos de relações todo o tempo. As queixas que nos chegam são, em sua esmagadora maioria, questões relacionadas a dificuldades que as pessoas apresentam em sua convivência com outras pessoas. Como manter um casamento, como passar por uma separação, como lidar com figuras de autoridade, como expressar sentimentos na interação com o outro, como conviver com expectativas, como des-idealizar pessoas significativas, como construir intimidade. O outro fora; o outro dentro.

DESSEMELHANÇA

As relações familiares são a fundação desse edifício. Tudo se inicia ali, no modelo primeiro. Alice Miller escreveu importantes textos a res-

---
[77] LENINE. *Envergo mas não quebro*. CD Chão, 2011.

peito das relações familiares e seus malefícios: "O drama da criança bem dotada", "A verdade liberta", "El saber proscrito", "A revolta do corpo", entre outros. As expectativas parentais têm um papel importante na construção dos complexos que acompanham as pessoas ao longo de toda uma vida. A educação é um processo de adequação do indivíduo ao meio, que muitas vezes mata a espontaneidade e carrega para a escuridão do reprimido o broto em formação daquilo que seria o mais genuíno na pessoa. O adulto de hoje carrega dentro de si a criança que foi. É no presente que temos pistas do que fomos e como nos construímos.

Essa percepção, no entanto, envolve um investimento de atenção, além de tempo e dor. Somente quando já percorremos uma boa parte do nosso caminho, temos capacidade de compreender nosso passado. Isso se deve ao simples fato de que os instrumentos de percepção dessa história só se afinam com o caminhar. É como se ganhássemos, no início da vida, um kit de laboratório desses brinquedos feitos para incentivar as crianças a explorar o mundo por meio da física e da química, a experimentar reações, a testar situações. Apossamo-nos desse universo com espírito desbravador e nossos pais e nossas escolas começam, então, a colocar regras e interdições que limitam nossas experiências. Para o bem e para o mal. Somente adultos, quando podemos –ou cremos que podemos- arcar com as consequências de nossos experimentos, temos noção da real dimensão das coisas: os perigos envolvidos, as potências e impotências, o quanto junto com a água suja foram embora também os bebês que ali se banhavam, nossas habilidades, preferências, receios. Podemos mudar aquilo que nos foi dado como herança? Posso alterar a forma como me vejo, apesar de ter me identificado com ela por anos? Posso deixar de ser aquilo que fui até hoje? E o que colocar nesse lugar? Hoje em dia, os cientistas falam na capacidade plástica do ser humano em até refazer caminhos neurológicos e possibilidades de escapar do determinismo genético. Essa é uma grande revolução; mas, para que aconteça, é preciso um esforço enorme na direção do novo. E esse é um território tremendamente amedrontador.

Voltando à imagem do laboratório, não esqueçamos que *labor* significa trabalho, e *oratório*, o espaço do sagrado. É nesse campo que se dá a construção da vida e das relações; o *sacro labor*.

SORTIMENTO

É comum ouvirmos que as expressões ex-mãe, ex-pai, ex-filho não existem e não podem sequer ser imaginadas; as relações mãe-filho, pai-filho, filho-mãe, filho-pai seriam relações eternas, dadas pela consanguinidade, e quando não, pelos papéis instituídos. De fato, não há na língua portuguesa a possibilidade de tais vocábulos. Podemos ter ex-sócio, ex-marido, ex-mulher, ex-sogro, ex-amigo etc. Jamais ex-pai. No entanto isso seria verdadeiro enquanto realidade psíquica? Todos são filhos de alguma mãe e algum pai, mesmo que não se saiba quem eles sejam. A realidade parental é inegável para que possamos existir. Mas seria de fato impossível sair desses vínculos? Ou teríamos que carregá-los como uma espécie de carga genética implacável e indelével? O que significaria, na vida, a formulação dos neologismos "ex-mãe", "ex-pai", "ex-filho", "ex-irmão"?

Podemos entender que a saúde psíquica está justamente na diversidade, na sua plasticidade e riqueza de ofertas de respostas. Hermes, o representante do que há de mais fluido no campo das divindades, aquele que está em constante movimento, recebe na literatura mítica uma infinidade de nomes.

> Hermes, o décimo segundo olímpico, filho de Zeus e da plêiade Maia, é conhecido por muitos nomes e atributos. Dentre eles:
>
> Pilha de pedras, guia, senhor dos caminhos, protetor das fronteiras, dos viajantes, servo diligente, larápio, traquinas, mensageiro dos deuses, vinculador, aquele que conecta, que flui, ladrão, bizarro, comerciante, o que interage com o desconhecido, que compensa, que equilibra, desprovido de constrangimento, capaz de lidar com o ciúme, o único mensageiro para o Hades, aquele que não se incomoda com o que é verdadeiro ou falso, generoso, amistoso, dispensador de bens, companheiro do homem, deus do inesperado, da sorte, das coincidências, da sincronicidade, o alquimista, deus do movimento, dos novos começos e da confusão que precede os novos inícios, deus da agilidade mental, da habilidade com as palavras, da fala, comunicador, guia das almas, protetor dos atletas, dos negociantes, dos pastores, inventor,

autoconfiante, deus do ardil, da astúcia e da trapaça, *trickster*, brincalhão, companheiro amigo, o sábio.[78]

Isso nos aponta para a possibilidade de nos pensarmos, enquanto expressões arquetípicas encarnadas, de modos bastante plurais ao longo de nossa jornada. O paradoxo da unidade dentro da multiplicidade é algo marcante na concepção junguiana da psique. Somos um e ao mesmo tempo, muitos. Quando acordamos pela manhã, reunimos em uma só pessoa, todas as figuras que sonhamos, tudo aquilo que fomos por instantes na penumbra do onírico, e reconstituídos como unidade, damos início a um novo dia. Temos à mão inúmeras possibilidades de nos experimentarmos como diferentes. E geralmente nos exercemos com aquilo que conhecemos. Reinventarmo-nos é tarefa heroica, nem sempre encarada.

DIVERGÊNCIA

Se a percepção mais profunda dos processos tóxicos e das relações maléficas em nossas vidas se dá, em sua maioria, na maturidade, é natural que observemos esses processos no que seria, nos dias de hoje, o meio da vida. No consultório, é marcante o momento mobilizador que ocorre em torno dos 50 anos, como um tempo de reinvenção iminente. Os astrólogos diriam que a passagem do planeta Saturno, com seu ciclo de 28 anos, teria influência certeira nesses momentos críticos. E Saturno pede renovação.

Do ponto de vista mitológico, o deus Crono-Saturno é o libertador de Geia da terrível imposição de Urano, e é quem inaugura a segunda geração divina. É também, no entanto, o pai devorador que engole os filhos com receio de ser por eles suplantado. Diferentemente de Urano, que terá sua identidade masculina ceifada por Crono – a "mão" de Geia, quem gerou a ideia de libertação -, este permanecerá íntegro, mas mudará de lugar: será embriagado com mel dos carvalhos e acorrentado por Zeus, e irá, juntamente com a Idade de Ouro, para a Ilha dos Bem-aventurados. O mito assim nos conta que Crono-Saturno mantém seu significado de "semeador" quando deslocado da cena de poder. Segundo Brandão[79], *Saturnus* proviria

---

[78] BAPTISTA, S. M. S. In: ALVARENGA, M. Z. et al. *Mitologia Simbólica – Estruturas da psique e regências míticas*. São Paulo: Casa do Psicólogo, 2010. p. 277.

[79] BRANDÃO, J. S. *Mitologia Grega*. v. I., Petrópolis: Vozes, 1994. p. 340.

da etimologia popular do verbo "serere", semear, plantar. É aí, em Crono e sua substituição por Zeus, que temos um ensinamento do mito sobre o envelhecimento. Zeus de fato suplantou seu pai. Para isso precisou de luz, de vir à luz, de crescer na luz.

Entendo que as formas como esses filhos míticos lidaram com seus pais para se verem libertos e poderem existir foram bastante distintas. Crono capa o pai Urano e faz parar a produção de esperma que gerava indiscriminadamente frutos a serem engolidos por Geia. A violência foi a saída possível nessa primeira situação de descontrole intenso. Crono-Saturno, ele próprio também um semeador, torna-se presa do mesmo temor que acometeu seu pai –de superação- e torna-se um tirano ainda mais severo, indicando a tendência arquetípica da repetição dos padrões parentais. Crono é como o filho que vê o pai violento surrar a mãe, tornando-se, mais tarde, ele próprio um agressor. Engole os filhos, evitando que se atualizem, ou desejando incorporar todos os seus atributos, numa arrogância desmesurada.

Somente em Zeus há uma transformação. Tendo sido criado longe da figura devoradora do pai, Zeus pôde realizar tanto a salvação dos irmãos aprisionados, quanto a condução do pai, na velhice, a um sítio de bem-aventurança. Penso que a condição que permitiu Zeus deslocar o pai de lugar, ao invés de vingar-se ou destruí-lo simplesmente, teria sido a sua capacidade de desenvolver outros laços saudáveis com figuras significativas, além do suporte da mãe Reia e do contato empático com seus cinco irmãos e suas respectivas qualidades.

Zeus terá como epíteto *polieús*, que quer dizer "protetor da família e da pólis", representante do arquétipo do chefe de família patriarcal.[80] Eu acrescentaria que encontramos também nessa figura o regente maior, capaz de efetivar a passagem do poder reinante a seu filho divino, Dioniso, rompendo com o ciclo de devoramento de filhos do pai Crono e do avô Urano – este por meio de Geia. Segundo Karl Kerényi[81], citando Olimpiodoro em versão pouco aventada, a Dioniso Zagreu coube o posto de quarto regente na sucessão dos pais divinos.

---

[80] Ibidem, 1994.
[81] KERÉNYI, K. *Dioniso*. São Paulo: Odysseus, 2002. p. 209.

DISPARIDADE

E o que seria, em termos de vida humana, a situação de deslocamento de Crono-Saturno à Ilha dos Bem-aventurados? O que o filho mítico senhor do Olimpo nos ensina a respeito do encaminhamento de uma energia agressiva, não para destruir, mas para criar uma nova orientação? Zeus foi poupado por uma estratégia da mãe. O novo impôs-se, como geralmente acontece. Zeus dá sequência à semeadura necessária e será a grande figura olímpica a disseminar as mais diversas expressões arquetípicas que povoam nossa cultura. Em minha opinião, Zeus foi bem-sucedido porque, ao lado de Hermes, seu filho representante da *energeia*, a energia em movimento, fez-se capaz de deixar de se exercer como filho. Tornou-se um *ex-filho* de Crono; experimentou-o como um *ex-pai*.

Olhemos um pouco para esses papéis. Quando falamos em pai, mãe e filho, estamos falando de papéis que temos no instante mesmo de nosso nascimento. Ao nascer um filho, nascem também uma mãe e um pai. A condição de paternidade, maternidade ou filiação é algo que sempre estará colocado, enquanto realidade arquetípica ou humana, não importa como for atualizada. No entanto tendemos a simplesmente crer que, do ponto de vista vivencial, esse é um campo perene, e ali tudo cabe, sempre. Deslembramos das novas e constantes demandas. Talvez pela própria natureza humana que tende a querer permanecer na posição alcançada, acreditando que o paradeiro atingido será, este sim, o definitivo. Ficamos em uma única e empobrecida perspectiva. Cremos que as relações instituídas são uma realidade final. Protetoramente e/ou ilusoriamente, "esquecemos" que as situações são dinâmicas, como é dinâmica a própria psique. Vida e psique são ágeis e propõem infinitamente inéditos desafios. Do mesmo modo, as relações devem se dinamizar.

Os arquétipos de mãe, pai, filho, quando se expressam e se humanizam, também passam pela ação do tempo e das transformações que advêm da travessia desse véu. O exercício da maternidade, da paternidade, da filiação implica uma hierarquia de poder, bem como conteúdos de cuidado e subsistência no caso do feminino, e ordenação e interditos no caso do masculino. Se pensarmos que os filhos poderão crescer e se tornar indivíduos capazes de se relacionar com as pessoas de seus pais, em vez de apenas com suas *personas*, bem como esses pais poderão se relacionar, por sua vez, com seus filhos como individualidades, sem maternalizá-los ou paternalizá-los, estaremos no campo da frátria e da alteridade. A proposta aqui é que se pense nessa possibilidade de qualidade de relacionamentos e no desvestimento da roupagem dos papéis materno, paterno e filial; na possibilidade de caminharmos em direção a um campo simbólico, liberando energia da concretude das relações parentais, para que possa ser utilizada em nossos produtos simbólicos. A permanência nos papéis parentais além do tempo faz com que não possamos direcionar energia para o importante trabalho de individuação e busca de nós mesmos.

Voltemos a Hermes e ao que ele representa enquanto manifestação arquetípica. O *modus operandi* dessa divindade em nossa psique pode ser observado das seguintes formas:

- como um *insight* – uma percepção repentina e global de algo que antes nos parecia incompreensível, porque inconsciente – com *Eros* incluído, fazendo a associação *Logos-Eros*, o conhecimento vinculado;

- como *religare*, ou a função religiosa que une a dimensão do humano ao sagrado, pontificando o lado titânico do homem e seu lado divino;

- como conciliador de paradoxos, chamando atenção para o caráter duplo do indivíduo;

- dentro de um eixo perceptivo não julgador, mantendo-se num território livre de arbítrios contaminados por valores, fiel à objetividade da psique;

- como aquele que instrumenta o herói e o capacita a lutar contra os dragões que sempre tem a enfrentar;

- como *trickster*, que assume diferentes formas, e usa de inventividade e astúcia, de alegria e leveza nas conexões que faz.

- [...]Simbolicamente, este deus é aquele que nos ajuda a nos tornarmos nós mesmos. Ele é expressão do próprio processo de individuação, a nos sussurrar no ouvido que devemos ir adiante, flexibilizar estruturas enrijecidas, brincar com imaginações que nos paralisaram, ousar transgredir frente a regras sem sentido.[82]

---

[82] BAPTISTA, S. M. S. *A Função Transcendente em Hermes*. In: IV Congresso Latino-americano de Psicologia Junguiana. Punta Del Este, Uruguay, 2006. p. 391.

Ao lado de Zeus, Hermes compõe o campo energético *puer-senex* (arquétipos da criança e do velho conjugados), e se articulam no sentido de promover o movimento psíquico; eles próprios pai e filho, mas desvestidos desses papéis e investidos de *numem* e *mana*.

VARIEDADE

Francisco está na faixa dos 40 anos. Casado, com dois filhos, é também bastante religioso. Procurou análise para entender um pouco melhor a sua relação com a mãe. Esta, uma senhora de 70 anos, parecia exercer um enorme poder sobre ele. Ela tinha comportamentos nitidamente desequilibrados, com características daquilo que costumamos chamar de histeria, e mobilizava os filhos para fazerem o que ela desejava. Francisco sentia-se coagido e confuso. Tinha emoções contraditórias em relação a ela e não sabia dizer-lhe *não*. Depois de falar durante muitas sessões sobre a mãe, Francisco trouxe finalmente à tona o pai. De cara, apresentou-o como ausente e alcoólatra. O tempo que levou para apresentá-lo na sessão mostrava, já, a dificuldade em olhar para esse homem e o lugar que ocupava na família. Durante toda sua vida, Francisco viu-o beber diariamente engradados de cerveja, ser agressivo com os mais próximos e pedir perdão no dia seguinte. Assistiu a sua decadência acelerar-se quando a bebida começou a interferir em seu trabalho. Nunca bateu nos filhos, mas os fez passar por inúmeras cenas de humilhação. A violência era constante e um desfecho trágico, iminente. Francisco assistiu ao pai apontar uma arma para a mãe, e esta responder com igual atitude. Perguntava-se quem iria puxar o gatilho primeiro. Viu o pai muitas vezes colocar uma faca afiada sob o travesseiro, antes de adormecer embriagado. As épocas festivas aproximavam-se acompanhadas de crescente apreensão. Elas traziam sempre o álibi perfeito para os excessos. Com eles, inevitavelmente viriam as brigas, os gritos, as ameaças, os destroços dos objetos quebrados no calor da fúria e, claro, o despedaçamento da alma de um rapaz com um modelo e uma vida destroçados. Também com o pai, os sentimentos de Francisco eram ambíguos. Ora o amava, como "cabe" a um filho amar o pai, ora o odiava por tudo o que ele lhe fazia passar e por não ser o pai que ele necessitava e almejava. Os pais separaram-se quando Francisco tinha 18 anos. Foi um alívio e ao mesmo tempo um tormento.

Internamente não sabia se poderia amar aquele homem. Muito menos se poderia perdoá-lo por todo o sofrimento que lhe infligiu. A resposta veio muito tempo depois.

O caminho de retirada das roupagens parentais e o início de um olhar para si próprio aconteceu por intermédio da música. Francisco fora apaixonado por música desde a infância. O pai era totalmente insensível ao talento e à alma do filho, que se fazia acompanhar por melodias e sons o tempo todo. A mãe tampouco o incentivava. Ocupava-se consigo mesma e com remoer seu destino insólito. Em determinado momento da análise, a criança que Francisco foi se fez notar, e com ela o seu amor pela música no mais espontâneo em si. As possibilidades de elaboração dos papéis parentais foram potencializadas com o surgimento desse novo assunto e a psique pôs-se a movimentar em uma direção inesperada. Francisco não poderia mais abrir mão daquilo que identificava agora como a sua natureza. Para deixar conviver e fazer crescer em si esta natureza, precisou rever as amarras que o ligavam e aprisionavam no papel de filho; mas não se tratava apenas de refletir sobre a situação filial. A dinâmica psíquica exigia que sentisse em seu mais interno âmago a condição de ex-filho. Sincronisticamente, Francisco tornava-se pai. A aquisição dos papéis de pai e mãe concretos são dínamos poderosos que se traduzem como oportunidades preciosas de revisão. Há que aproveitá-las! Francisco aproveitou-a. Passou a olhar os pais não mais da perspectiva dos papéis, mas das pessoas que foram e que ainda são.

DISTINÇÃO

A mudança de perspectiva é a saída do complexo: sair de um lugar para olhar de outro ângulo. É, talvez, a maior contribuição que temos a oferecer aos nossos pacientes no seu processo analítico. Equivale, analogicamente, a realocar Crono-Saturno para a Ilha dos Bem-aventurados. Outro poder impõe-se: o momento Zeus articulado a Hermes, como herdeiros geracionais dos outros dois semeadores –Urano e Crono.

Francisco trabalhou no sentido de sair do jugo de Saturno, de uma herança maldita de alcoolismo e violência, abusos e excessos, manipulações e culpas, atualizados na mãe e no pai. Escolheu a lira hermética. Optou por movimentar sua psique na direção que sua individuação apontava. Fez-se ex-filho, e pôde olhar para os pais como ex-pai e ex-mãe.

Não deveria ser preciso passarmos por situações trágicas ou de proporções desastrosas para que pudéssemos fazer o movimento nessa direção. Se tivéssemos em conta que as relações têm sim data de validade naquilo que as define enquanto papéis, essa transição de *lócus*, essa ação de realocamento de uma energia primordial e sua transformação de algo repressor e impedidor para algo criativo, seria esperada e bem-vinda; o poder abusivo cedendo lugar ao eros. Infelizmente, vemos indivíduos repetindo situações dissociativas por gerações e gerações.

James Hollis, em seu livro *A Sombra Interior*, reflete com profundidade sobre aspectos sombrios do humano:

> Todos nós exibimos a "psicopatologia do cotidiano" por meio de respostas reflexivas e organizadas às nossas feridas. Essas respostas estão virtualmente institucionalizadas dentro de nós e, portanto, excluem tanto da vida e de tantas outras possibilidades. Todo material excluído aumenta nossa Sombra. Em outras palavras, a maior parte de *nosso material relacionado à 'Sombra' será encontrado no que evitamos!* E o que evitamos não desaparecerá, mas aparecerá em nossa vida em algum lugar, ou será levado por nossos filhos como um problema a ser imitado ou resolvido.[83].

Francisco escolheu por não levar adiante as questões de autoestima e os complexos parentais de seus pais. Assim como o aspecto fertilizador de Zeus que realoca a expressão arquetípica Crono-Saturno, Francisco elaborou as figuras de pai e mãe, desvestiu-os de seus papéis de cuidadores e passou, ele próprio, a ser seu zelador. Suas feridas paterna e materna permanecerão nele, mas podem encontrar um novo lugar, cicatrizadas, enquanto sua energia criativa dá novos frutos, semeia outros campos, como a música, por exemplo. O medo terrível de abandono e destruição vivido diuturnamente por Francisco na infância pôde ser enfrentado na vida adulta. Francisco inaugura o papel de pai que um dia terá que desvestir, quando seu próprio filho não mais necessitar de um cuidador, mas eventualmente desejar um parceiro de vida. Em algum momento, Francisco também será um ex-pai.

---

[83] HOLLIS, J. *A Sombra Interior*. Osasco: Novo Século, 2010. p. 90.

CONCLUSÃO

Diz o poeta na canção:

*A língua é minha pátria
e eu não tenho pátria; eu tenho mátria
e quero frátria*

Caetano Veloso[84]

Alice Miller alerta-nos para a postura presente na base da cultura judaico-cristã, de obediência cega aos preceitos paternos, alicerçados em dogmas e mandamentos, tendo como imagem primeira Adão e Eva. Ali já se prega, segundo a autora, a obediência como virtude, a curiosidade como pecado e o desconhecimento do bem e do mal como ideal. Isso gera indivíduos que não fazem perguntas, que assumem medos dos outros, que toleram contradições, submetem-se ao sistema de dominação, e finalmente, adoecem.[85]

Novamente, a doença – esteja ela manifesta no corpo ou na psique, uma vez que ambos compõem um todo indissociável – diz respeito a uma paralisação ou represamento da energia psíquica, ou ainda, na incapacidade de a criança ferida se manifestar em toda sua espontaneidade, ou ainda na despotencialização do Zeus hermético em nossas humanizações do campo arquetípico *puer-senex*.

Francisco, ao falar em análise da solidão e abandono vividos na infância e recuperar memórias de abusos imperdoáveis sofridos por parte dos pais, foi capaz de ativar sua resiliência, como a vara de bambu que enverga e não quebra. Trilha o caminho de atenção às datas de validade para não se intoxicar e atualiza o campo arquetípico de Hermes conjugado a Zeus, numa nova prontidão para gerar filhos simbólicos e reinventar sua história.

---

[84] VELOSO, C. *Língua*, CD Noites do Norte, 2000.
[85] MILLER, A. *A verdade liberta*. São Paulo: Martins Fontes, 2004. p. 16.

REFERÊNCIAS

ALVARENGA, M. Z. et al. *Mitologia Simbólica – Estruturas da psique e regências míticas*. São Paulo: Casa do Psicólogo, 2010.

BAPTISTA, S. M. S. *A Função Transcendente em Hermes*. In: IV Congresso Latino-americano de Psicologia Junguiana. Punta Del Este, Uruguay, 2006.

BRANDÃO, J. S. *Mitologia Grega*. v. I. Petrópolis: Vozes, 1994.

HOLLIS, J. *A Sombra Interior*. Osasco: Novo Século, 2010.

KERÉNYI, K. *Os deuses gregos*. São Paulo: Cultrix, 1997.

_____. *Dioniso*. São Paulo: Odysseus, 2002.

MILLER, A. *A verdade liberta*. São Paulo: Martins Fontes, 2004.

8

FILOCTETES:
A EXPRESSÃO DO ARQUÉTIPO DA VÍTIMA.
QUAL A MEDIDA DA DOR?
(2013)

Ai! Infeliz de mim!
Sófocles[86]

Deve haver medida para o penar.
[...]Ai! Aqui pudera tornar-me pedra e esquecer os males!
Eurípedes[87]

    A mitologia grega parece conter, se não a totalidade, grande parte dos ensinamentos dos mais diversos tempos. Pelo menos é esse o impacto que temos ao ouvir as histórias repetidas desde a tradição oral, há séculos e séculos, e encontrar ali, reiteradamente, verdades que nos arrefecem a angústia da existência, confortam-nos, assombram-nos, alegram-nos, traduzem-nos. Foi nesse manancial que fui buscar, e encontrei, algumas histórias sobre a amizade, a lealdade e a dor, temas que se ligam ao herói Filoctetes, como veremos.

    Comecemos, como fazem os gregos antigos, pelo significado de seu nome: *Phílos* (amizade) + *Ktétes* (que ganha, que adquire), ou ainda "aquele que estima o que possui", "o amigo", "aquele que possui amigos". *Philía*, para os gregos, denota afeição no sentido mais amplo. O drama de nosso herói

---

[86] SÓFOCLES. Édipo em Colono In: A Trilogia tebana. Tradução de Mário Gama Kury. Rio de Janeiro: Jorge Zahar, 2004. v. 1000, p. 155.
[87] EURÍPEDES. *Héracles*. Tradução de Cristina Rodrigues Franciscato. São Paulo: Palas Athena, 2003. v. 1251 e 1397, p. 143,153.

é justamente ver-se privado do que lhe é mais caro e mais genuíno em sua natureza, sua capacidade de se "filiar", de ser fiel ao sentimento da amizade.

No livro *A amizade no mundo clássico*, David Konstan aprofunda o significado da palavra e do conceito:

> [...] o termo habitual para "amigo" na Grécia clássica (e posterior) é *phílos*. Ele designa uma das partes de um vínculo voluntário de afeição e de boa vontade, e normalmente exclui tanto os parentes próximos quanto os conhecidos distantes, vizinhos ou concidadãos.[88]

O que caracteriza o vínculo de amizade é sua maleabilidade, sua possibilidade de ser feito e desfeito. E como algo mutável, necessita ser cuidado. Não é dado pela consanguinidade e sim pela ação que move os dois indivíduos, um em direção ao outro. O motor desse ato de procura é o sentimento. Carrega em seu âmago um dinamismo aliado à ausência de garantias, atributo este que a relação familiar tem *per se*. Honrar um amigo terá especial importância em momentos de adversidades. "Quando o destino é generoso, qual a necessidade de *phíloi*?"[89]

O MITO

Filoctetes, um herói aqueu da Tessália, é pouco conhecido e lembrado no elenco de personagens a nós familiares. Seu caminho entrelaça-se com o de Héracles, este sim o mais cantado dos heróis gregos, cujas 12 tarefas ficaram eternizadas e se fizeram ícone da sociedade ocidental, fundada no desempenho e na ação.

Homero traz-nos na Ilíada, pela primeira vez, a figura de Filoctetes a caminho de Troia, liderando sete naus:

Filoctetes, no arco

exímio, os comandava, cinquenta remeiros

por navios, ótimos arqueiros, bons de guerra.[90]

---

[88] KONSTAN, D. *A amizade no mundo clássico*. São Paulo: Odysseus, 2005. p. 77.
[89] Ibidem, p. 85.
[90] HOMERO. *Ilíada*. Tradução de Haroldo de Campos. São Paulo: ARX, 2004. v. 716-718.

A **solidão**, o **engano** e o **abandono** serão o pano de fundo da tragédia eternizada por Sófocles, na figura de seu protagonista.

Filho de Peias ou Peante e de Demonassa – ou de Metone, em outra versão -, Filoctetes está a caminho de Troia quando, aportando na ilha de Crisa, é picado no pé por uma serpente ao descer do navio, ou na entrada de um templo sagrado da deusa local, Atena (Crisa é também um epíteto desta filha de Zeus, bem como o nome da serpente que tomava conta do templo). Apolodoro, em sua *Biblioteca Mitológica*[91], relata o momento da picada da cobra d'água quando estão celebrando um sacrifício a Apolo. Filoctetes teria desatentamente invadido um local sagrado e por isso teria sido ferido. De sua chaga exalavam odores fétidos e seus gritos de dor eram tão insuportáveis aos que o cercavam, que fizeram com que Odisseu convencesse Agamêmnon e Menelau a abandoná-lo à própria sorte na ilha de Lemnos.

Observemos como os deuses patronos dos heróis estarão por detrás, como onipresenças, todo tempo. Sete é o número de Apolo – o deus flecheiro, protetor deste herói – e também o número das naus comandadas por Filoctetes. Atena, deusa guerreira, é protetora dos heróis e seu predileto é, sem dúvida, Odisseu. Teria ela se sentido ofendida com a entrada de Filoctetes em seu templo em Crisa e mandado a serpente hidra feri-lo? Queria a deusa que seu preferido ficasse com a fama de maior arqueiro, tentando eliminar o único que o superava? Ou teria Filoctetes cometido uma mortal distração que o faria penar por dez anos? Seriam essas penas – 10 anos de abandono para Filoctetes e 10 anos de busca da direção de casa, para Odisseu – condições do caminho de individuação desses heróis para alcançar qualidades que nos ensinariam algo sobre a psique e a vida? O que nos dizem o sofrimento e a ferida que não se cura? Vamos desembrulhar um pouco mais o mito.

Filoctetes é possuidor do arco e das flechas que herdou de Héracles, e esta é sua única companhia na inóspita ilha. Voltando um pouco no tempo, temos a passagem da morte de Héracles ligada a Filoctetes quando este é o único a aceitar colocar fogo na pira funerária do maior dos heróis. Esse feito o fez merecedor do seu arco – presente do próprio Apolo –, dando a ele uma identidade inseparável desse atributo. Tal situação teria como

---

[91] APOLODORO. *Biblioteca Mitológica*. Madrid: Alianza Editorial, 2004. p. 208.

condição que não fosse revelado jamais o local da pira. Filoctetes teria sempre mantido o segredo. Há uma versão[92] que afirma, porém, que um dia, sendo massivamente interrogado enquanto subia o monte Eta, fincou a terra próximo ao pé em um gesto determinado; tal situação o teria levado ao posterior castigo com a ferida incurável no mesmo pé.

Filoctetes passa a habitar uma caverna e tenta, sem sucesso, convencer os que por ali circulam a levá-lo para casa. Possui uma planta que mitiga a dor mediante um poder sedativo contra a gangrena, e caça com seu arco, para sua sobrevivência. Permanece 10 anos nessas condições até que Heleno, um adivinho troiano, irmão de Cassandra, capturado pelos aqueus, revela que Troia não poderia ser derrubada sem a presença de Filoctetes e seu arco, bem como do Paládio, uma imagem de Palas-Atena a que se atribuía uma proteção mágica de invulnerabilidade à cidade que a possuísse (Troia estaria protegida pelos 10 anos de guerra por possuir um Paládio, mais tarde furtado por Odisseu e Diomedes).

Odisseu parte para a ilha com a missão de trazer de volta arco e arqueiro. Leva consigo Neoptólemo, filho de Aquiles, tramando **enganar** Filoctetes. Odisseu, nesse momento, é o herói do coletivo, capaz de atrocidades para dar a vitória aos aqueus. É também, como caberia a alguém regido por Atena, um maravilhoso argumentador. Precisa de Neoptólemo para fazer valer sua estratégia, uma vez que é odiado por aquele a quem abandonou impiedosamente. No encontro de Filoctetes e Neoptólemo, no entanto, surge uma amizade e respeito inesperados para os planos do ainda truculento Odisseu.

O "jovem combatente" – *Néos + ptólemos* – segue, contrariado, as instruções de Odisseu para obter a arma do indefeso. A princípio, o jovem recusa-se mesmo a acompanhá-lo, mas acaba convencido da magnitude da tarefa e, claro, da possibilidade de conquistar glória, *timé* (honorabilidade) e *areté* (excelência) - virtudes que caracterizam o herói -, e ver-se conclamado grande guerreiro. Seguir as previsões de Heleno poderia se traduzir em abrir caminho para o fim de uma já exaustiva guerra e imortalizar-se vencedor. Seu contato com Filoctetes será transformador – para ambos.

---

[92] BRANDÃO, J. S. *Dicionário Mítico-Etimológico*. v. I. Petrópolis: Vozes, 2000. p. 537.

Detalhe interessante, Neoptólemo, também chamado **Pirro**, o ruivo, teria sido concebido quando seu pai, Aquiles, foi vestido como moça pela mãe, Tétis, e enviado ao reino de Licomedes na ilha de Ciros, para fugir da guerra, e assim, da Moira (aquela que decide o quinhão de vida que nos cabe). Estava previsto pelas Queres a lembrança eterna de seu nome, ao lado de morte prematura caso fosse a Ílion. No entanto a presença do herói na guerra seria decisiva para a derrubada de Troia. A astúcia de Odisseu, disfarçado de mercador, desvendou o embuste quando viu **Pirra**, a ruiva, como Aquiles era chamado em Ciros, maravilhar-se com as armas cuidadosamente introduzidas nos tecidos e vestidos oferecidos às filhas do rei. Deidamia, filha de Licomedes, teve Neoptólemo após a partida do pai para a guerra, que optou pela imortalidade. Na trama de Filoctetes, em que não há nenhuma mulher, Neoptólemo, filho da princesa com o herói travestido, carregará em si a sensibilidade, a compaixão e o aspecto cuidador da natureza feminina, elementos decisivos no desenrolar do resgate.

Cabe também atentar para outros dois detalhes. A ilha de Lemnos, onde Filoctetes é deixado, é lar do também ferido deus coxo Hefesto. Ali, seus sacerdotes eram peritos na cura de mordidas de serpentes. Em uma das versões existentes, será um de seus filhos, Pílio, quem curará a ferida de Filoctetes, aprendendo com o herói o manejo do arco. Curar a ferida do outro tem como contraparte a recompensa da aquisição de uma nova habilidade.

No entanto, por que razão será que nenhum sacerdote de Hefesto pôde realizar a cura de Filoctetes nesse período de exílio do herói? Parece que a ferida tinha um sentido de existir.

É também em Lemnos que ocorre uma maldição, provocada por Afrodite, contra as mulheres que não a cultuavam. A deusa faz com que exalem um cheiro insuportável, tornando a convivência com seus maridos insustentável, até que eles a abandonam por mulheres trácias. As malditas matam, então, todos os homens da ilha, fundando uma sociedade somente de mulheres. Matam todos, menos um: Toante, filho de Dioniso – ou seria de Teseu? – e Ariadne. Aquele foi perdoado por sua esposa Mirina, e teve sua fuga facilitada por sua filha Hipsípila, tendo se disfarçado de Dioniso.

Lemnos é, portanto, o local do feminino amaldiçoado, da ausência de Afrodite enquanto princípio vinculador, do mau cheiro que afasta e isola. Aponta para um contexto no qual a guerra ocorre também no âmbito mais íntimo, das relações amorosas, provocando o distanciamento, afetando a fidelidade, causando dor e morte.

É nesse lugar do feminino ferido que Filoctetes será abandonado, denotando no mito uma profunda dissociação entre os princípios masculino e feminino. Odor e paladar, sempre associados e interdependentes, perdem-se ali, indicando um empobrecimento da capacidade de apreender o mundo. No pano de fundo da guerra de Troia, Afrodite e Atena digladiam-se, e homens e mulheres perdem, até que o novo possa entrar e subverter a ordem dada.

Dioniso / Teseu- e Ariadne geram um masculino passível de escapar da terrível vingança. Neoptólemo, o filho de Aquiles /"Pirra", também provocará uma mudança de cenário através da empatia e do *phílos* que demonstra a Filoctetes.

Voltando ao mito, a confiança que Filoctetes ganha com o rapaz, espontâneo e verdadeiro nos seus sentimentos, faz com que ele se separe pela primeira vez do arco quando pressente que terá uma convulsão, sempre seguida de sono. *"Posso confiar?"*, investiga Filoctetes antes de abandonar-se a um acesso; *"Não tenhas dúvida!"*, certifica Neoptólemo, que momentos antes se declarava feliz e privilegiado pela oportunidade de tocar a herança do filho de Alcmena, como se tocasse o próprio deus.

Neoptólemo sente-se desconfortável no lugar de trapaceiro: *Enganei um herói com truques baixos*.[93] Entrega a Odisseu o arco apoderado nos minutos de ausência de Filoctetes, mas em seguida o toma novamente para devolvê-lo ao dono, e recusa-se a abandonar o amigo.

Diferente de Odisseu – regido por Hermes, o deus *trickster* e ladrão –, o jovem tem certamente em sua tipologia mítica o regente Apolo, o deus justo e correto por natureza. Não é capaz de imaginar-se traindo um amigo, alguém a quem o próprio Héracles confiou o que de mais precioso pode haver a um herói apolíneo possuir: um arco "flechicerteiro". Carrega uma ferida moral e opta por ser fiel ao seu sentimento de justiça e sua ação

---

[93] SÓFOCLES *Filoctetes*. Tradução de Trajano Vieira. São Paulo: 34, 2009. v. 1228, p. 143.

nobre, mesmo que fracasse na intenção primeira do roubo. Para ele, a mentira não justifica o ato. Empenhou sua palavra, e isso é um valor o qual preza. Arrisca-se na delicada posição de apoiar o moribundo em oposição a Odisseu, este, desejante de partir com arco destituído de arqueiro, depois de recusas seguidas de Filoctetes embarcar em direção a Troia.

Filoctetes prefere morrer a fazer-se companheiro daquele que o abandonou em situação tão deplorável. Fez-se novamente presa do **engano** – um dos mitologemas que se destacará no mito do herói ferido –, e tudo com que conta é sua fidelidade a si mesmo e seus princípios. Sente-se traído e hesita em recobrar a confiança em Neoptólemo, mas no fim concorda com a boa vontade do jovem em levá-lo para casa.

Héracles, como um *deus ex-machina*, intercede para que Filoctetes acompanhe Odisseu até Troia, prometendo-lhe a cura por Asclépio em pessoa – ou por seus filhos Macáon e Podalírio, participantes da armada grega –, bem como a glória de matar com suas flechas Páris, e assim ter seu nome ligado ao fim da sangrenta batalha.

Frente a tal situação, interpelado pelo próprio deus que o faz recordar-se das deliberações de Zeus, Filoctetes para e escuta, como se refizesse o elo com quem ele é. A aparição de Héracles faz-lhe compreender sua missão e o coloca de volta ao seu caminho em direção a Troia.

Poderíamos pensar nessa passagem como um *insight* de Filoctetes, um *religare* de sua consciência com um aspecto divino em si. Como herói, tem um compromisso com o coletivo. Sua guerra pessoal com sua chaga, bem como a guerra coletiva entre aqueus e troianos só terá fim com o encontro de arco e arqueiro dentro de um campo funcional. O redirecionamento dessa energia para o lugar "correto", onde ela é carecida, será capaz de findar o embate, bem como curar a identidade ferida do herói, além de sua ferida concreta. Sai, finalmente, do lugar de **vítima**. E assim, todos embarcam rapidamente para Troia, e o destino se cumpre.

PUER-SENEX

Para além dos fatos míticos, consideremos outra perspectiva para compreendermos o que se passa por trás da história, ou em outra camada ali, para onde precisaremos ajustar o olhar. Miremos o campo *puer-senex* constelado: ele se apoia em um eixo formado pelos divinos Saturno-Apolo-Dioniso-Hermes. Saturno encarna o *senex* por natureza. É o deus Crono, devorador dos filhos, incapaz de trazer à luz os aspectos por ele gerados. Pensemos em Crono-Saturno como o **enganado**. Geia o **engana** quando lhe entrega uma pedra no lugar do sexto filho, Zeus, e novamente quando ela – ou Métis – o faz beber uma poção que provoca a devolução dos irmãos para fora de suas entranhas, e, portanto, da escuridão. Também quando vai, na velhice, para a Ilha dos bem-aventurados, Zeus o **engana**, embebedando-o com mel de carvalho e o acorrentando.

O Velho Rei é o regente na estrutura psíquica de Filoctetes. Saturno, com seu peso e sua negatividade, rege o **enganado** rei ferido, que em tudo prima pela conservação, pela permanência, pelo olhar voltado para baixo. Apesar do desejo de Filoctetes partir de volta à casa, ele é capaz, como decidiu, permanecer e morrer em Lemnos, para não ter que enfrentar aqueles que o humilharam. Transforma a caverna em que viveu por 10 anos na nova casa e o Hades, em fado. Com isso, mais uma vez atualiza o aspecto Saturnino de sua tipologia mítica, e vive o polo *senex* desprovido do seu dinamizador *puer*. Faz-se **vítima**. Como diz Hillman, "...O *senex* negativo é o *senex* separado de seu próprio aspecto *puer*. Ele perdeu sua 'criança'".[94]

A propósito de *senex-et-puer* como base arquetípica do ego, Hillman esclarece:

> [...] *Esses problemas egoicos não são causas, são consequências; refletem desordem anterior na base arquetípica do ego*. Essa base é *senex-et-puer*, sumariamente concebidos de um lado como sua ordem e, de outro, como seu dínamo. Juntos dão ao ego o que foi chamado seu *Gestaltungskraft* – força criadora – ou intencionalidade, ou significação do espírito. Quando a dualidade dessa base é cindida em polaridades, então temos não somente as valências alternadas de mais e menos dadas pela consciência a uma metade ou a outra, mas também a

---

[94] HILLMAN, J. *O livro do Puer*. São Paulo: Paulus, 2008. p. 33.

negatividade mais fundamental, aquela do arquétipo cindido e seu corolário: consciência egoica separada do inconsciente.[95]

Neoptólemo, o filho de Aquiles, tem Apolo como regente. É em tudo apolíneo na sua forma de agir e pensar, em sua ética e visão moderada. Preza os valores da justiça e da ordem. A luminosidade do deus-Sol contrasta com a escuridão saturnina. O compromisso desse jovem herói é com seus princípios. Ele os vai construindo ao longo de sua iniciação nessa viagem que o fará homem, não mais menino. Isso se dá também, e principalmente, na relação com Filoctetes, por quem se compadece. Ele representa o *puer conjugado com o senex*.

Neoptólemo denuncia o excesso de inflexibilidade em Filoctetes, descrevendo-nos muito de sua personalidade:

> Cabe suportar a sorte que os eternos nos destinam, mas quem vive o inferno por querer, como é o teu caso, esse não merece nenhuma solidariedade ou pena. Te enferas, não toleras sugestões; se o bem-intencionado te critica, o execras, fazes dele um inimigo.[96]

Dioniso está representado por Toante, seu filho – ou de Teseu, o amigo de Héracles –, o único a escapar da matança das mulheres amaldiçoadas por Afrodite em Lemnos. Toante recebe, em contraste, a lealdade e a compaixão da mulher e da filha, dois femininos distintos que lhe salvam a vida. Nesse cenário de extrema aridez e truculência, esse filho de Dioniso destaca-se.

E é Hermes, regente de Odisseu, quem dinamizará o par Neoptólemo-Filoctetes. O deus expressa a *energeia* capaz de colocar em movimento as duas polaridades e torná-las uma unidade funcional. Odisseu ocupa o lugar hermético do **enganador**. Quer que Neoptólemo cumpra esse papel em seu lugar, mas o olhar apolíneo em busca do mais correto e ético daquele não permite que isso se dê. Por intermédio de um marinheiro disfarçado de mercador (até sua camuflagem tem a ver com o deus das trocas), tenta agilizar as conversações e convencer Filoctetes a entregar o arco. Lembra um adolescente impaciente, aflito para cumprir a tarefa, mesmo que ela se faça pela metade (levar arco sem arqueiro e abandonar mais uma vez o herói ferido na ilha). Odisseu nesse momento ocupa o lugar do *puer* negativo,

---
[95] Ibidem, p. 32-33.
[96] SÓFOCLES, 2009. v. 1316-1323.

desconectado do *senex*. Sua atitude contrasta com a posição de Filoctetes, que já não tem pressa, já passou por provações que o fizeram um abnegado, e espera levando em conta o encaminhamento das coisas e não apenas sua resolução; mas, no entanto, fixa-se e permanece mais do que o necessário. É aqui, neste ponto, que, a meu ver, localiza-se o momento de instauração da posição ou da atitude de **vítima**: o adiamento, o conformismo e a permanência além da medida, geralmente provocados pelo medo do desconhecido, pela crença em uma ficção que justifica a imobilidade.

Temos, portanto, por um lado, Filoctetes atuando um *senex* negativo, polarizado por Odisseu, como *puer* negativo; entre eles, Neoptólemo tentando manter a dualidade não cindida.

Héracles, como *deus ex-machina*, chega como o elemento transcendente capaz de trazer a saída da tensão estabelecida. Representa a regência de Hermes em Filoctetes -sugerida na planta analgésica que o herói faz uso (Hermes, como um deus que circula pelos três mundos, também é senhor dos três reinos, mineral, vegetal e animal) -, passível de sair da sombra e se atualizar. O Héracles que se apresenta já cumpriu um trajeto inteiro, tendo sido elevado ao Olimpo e recebido como prêmio Hebe, a deusa da juventude. Já também experimentou a situação de amizade com Teseu, envolta nos valores de integridade, fraternidade e compaixão; é por meio do apoio deste que saiu da vitimização em que se encontrava após ter matado (por **engano**) sua mulher e filhos.

Abrindo um parêntese, há no encontro de Neoptólemo e Filoctetes uma fala do Coro que traz a figura de Íxion como para contrastar com o sofrimento imerecido imposto pelos deuses ao pobre herói ferido. Como se sabe, Íxion rei dos lápitas, na Tessália – terra de Filoctetes – foi purificado por Zeus, condoído do neto (ele seria filho de Ares com Perimele), após matar traiçoeiramente o sogro Dioneu. Não satisfeito com o recebido, cometeu nova *hybris* ao se apaixonar por Hera e tentar violentá-la. Zeus – ou ela própria – teria confeccionado uma imagem da deusa em nuvens, com a qual Íxion copulou, dando origem aos terríveis Centauros. Como castigo, foi jogado no Tártaro, atrelado a uma roda de fogo em constante giro.[97]

---

[97] BRANDÃO, 2000.

O crime de Íxion foi o da ingratidão, e a desmedida foi seu mal. Ele, como cabe ao mitologema presente em Filoctetes, tentou ser o **enganador** e acabou como **enganado**. O movimento no Tártaro, para onde vão todos os castigados, caracteriza-se num fluxo sem finalidade. A referência a Íxion parece querer aproximar o herói ferido do castigado, no que trazem de semelhante: a prisão na dor eterna e sem sentido.

A ferida incurável de Filoctetes nos lembra a de outro personagem mítico, relacionado à figura do médico ferido: Quíron. O ponto de encontro entre ambos é, novamente, Héracles. É este quem fere por acidente o centauro educador dos heróis, que sofre com insuportável dor e deseja a morte. Sua súplica de pôr fim à dor só foi possível pela troca de sua imortalidade com Prometeu. Filoctetes, por sua vez, o herói ferido, é vítima da intolerância de Odisseu e seus companheiros e espera pacientemente que um forasteiro o salve da solidão. Os três personagens irmanam-se na espera e na dor. A Prometeu coube uma temporada de 13 gerações. A Filoctetes e Odisseu "apenas" uma década.

Por que razão Filoctetes estaria aprisionado, sendo castigado? Que *hybris* teria cometido? Por que não poderia fazer valer a razão de seu nome. Essa privação é sua "roda de fogo", mais do que a ferida concreta. Não pode dar vazão à sua natureza. É a morte da alma no corpo apodrecido; o arqueiro e o arco sem a possibilidade de se exercerem no mundo.

A FERIDA

O drama de Filoctetes-Neoptólemo-Odisseu parece chamar o herói de volta à ação, rearticulá-lo ao seu poder heroico. O herói ferido Filoctetes vive uma espécie de "festa na prisão": o maior de todos os arqueiros sem poder usar seu arco na sua função guerreira, aliado a uma existência carente de sentido que nega a sua natureza primeira de *philía*. Sair dessa condição é poder trazer à luz as características de um de seus deuses regentes vividos na sombra: Hefesto, o rejeitado e manco, é também aquele capaz de confeccionar as mais belas joias e os mais resistentes escudos, eles próprios não menos belos. Ao recolocar Hefesto no lugar apropriado dentro de si, ele potencializa e atualiza Apolo luminoso, Hermes das trocas e a estimulante Atena.

E o que significa "recolocar Hefesto no lugar apropriado dentro de si"? Parece-me que se trata de sair do ressentimento, abandonar a clausura no centro do vulcão e experimentar uma nova perspectiva, um olhar de outro ponto do panorama. "Suba aqui e veja que diferente quando se mira a vista do alto deste monte". Hefesto é também o deus sensível capaz de transformar e curar. A mão amiga de Neoptólemo fará as vezes do veículo facilitador para esse novo ângulo. Hefesto (presente na vítima ferida) e Apolo (cujos predicados a figura do terapeuta deveria se imbuir) comungam na transformação e na cura.

O Filoctetes que olha para o pé estaria, em sua situação de exílio, empobrecido e sangrante, vivendo o território sombrio de sua dinâmica psíquica. Se está ali como **vítima** da ação de um **enganador**, cabe a ele dar um basta a esse **engano** e agir em direção à saída da exclusão. O mito fala: *é preciso sair do exílio para curar a ferida!* A alienação de Filoctetes de seu lado *puer* vibrante, do novo, da transformação, foi a maior traição a si mesmo. O auxílio para uma resolução está em si, na capacidade de tolerância dada pelo próprio *senex*. Está também na abertura para a conexão com sua criança, com seu *puer* interno.

O aprisionamento no lugar da **vítima** é equivalente aos castigos do Tártaro, em seu ciclo vicioso. O herói despotencializado tem o pé ferido para o caminhar e, portanto, não dá o passo. Para curar-se necessita dar o passo, mas não o faz porque está ferido. Não é sem razão que a figura de Íxion –conterrâneo de Filoctetes- é trazida pelo coro na tragédia de Sófocles.

A cola para aproximar *puer* e *senex* em Filoctetes é o Eros *"philiterno"* ofertado por Neoptólemo. O excesso de permanência é a *hybris* de Filoctetes, seu lado saturnino empedernido. Como fazer amigos permanecendo estático, sem movimento? Seu castigo foi cumprido, seu tempo de exílio, vivido. No momento em que Neoptólemo surge em seu panorama, cumpre deixar entrar com ele o sopro de Hermes, articulador das mudanças. Voltar à casa, como para Odisseu na Odisseia, é voltar a si mesmo, à casa interna. Filoctetes deve retornar à guerra, ao seu compromisso com a *pólis*. Deve deixar de olhar apenas para seu pé doente e erguer a cabeça; dar vazão à sua natureza de *philía;* ser capaz de, a partir da aprendizagem com a dor e o abandono, levar algo para o coletivo como cabe ao herói. Neoptólemo é quem o fará acreditar novamente no outro e irá prepará-lo para essa volta. Não é à toa que Odisseu, o herói do *nostós*, do retorno, está implicado nesse caminho.

No encontro Filoctetes-Neoptólemo, há uma comunhão de feridas: além da do mais velho ser física, ambos têm feridas morais. Neoptólemo abre-se para o velho exilado; não se afasta, ao contrário, parece querer aprender com o que esse homem dito essencial para o final da guerra, tem a dizer. Entra na relação com Eros e com ouvidos atentos. Sua natureza apolínea o faz zelar pela justiça, mas é Hefesto nele quem comunga com a ferida de Filoctetes. **Engana**, contra seus princípios, ao usar do subterfúgio do sono de seu ouvinte para ficar com as armas desejadas e sente-se assim um traidor.

O detalhe do sono não deve passar despercebido. Ele está presente em inúmeros relatos míticos, em momentos cruciais. Assim como a pausa na partitura de uma música tem uma função e não é apenas a ausência do som, o sono é um intervalo também significativo. Que o digam os sonhos! Apaga-se a consciência por alguns momentos. Filoctetes, nesse minuto de pressentimento de uma convulsão, entrega em confiança o arco ao amigo; dá assim seu tesouro a quem julga merecedor.

O sono está ligado por um lado à cura e, por outro à inconsciência. É no reino de Hipno que entramos, outro morador da ilha de Lemnos. O sono é muitas vezes desejado para que nos tire da realidade da vigília e **engane** o nosso ego sobre as dificuldades enfrentadas ou a serem confrontadas. *Poderoso e temido como as trevas, é o penhor da tranquilidade, mas também da paralisação [...]*[98]

Filoctetes desmaia e adormece quando tem acessos de dor. Cede ao sono no auge de sua confiança no novo amigo. Seria esse sono do herói, de **cura** ou de **engano**? Neoptólemo primeiramente reforça o segundo, e só depois de não aceitar em si tal atitude, volta atrás e toma a iniciativa que levará à cura de Filoctetes.

O **engano** denuncia uma separação na dualidade arquetípica *puer-et-senex*. Aponta para um desaprumo, uma distração, uma ingenuidade, uma

---

[98] BRANDÃO, 2000, v. I, p. 571.

expectativa em relação ao outro, uma crença além da medida razoável, uma puerilidade, um fiar-se no que está fora, um deixar-se abusar. Sair da posição passiva de **enganado** dá a Filoctetes a retomada de seu caminho, agora como protagonista de seu caminhar. O pé, antes ferido, pode agora pisar firme o chão e dar ao corpo a estabilidade necessária para fazer a flecha voar certeira rumo ao alvo.

Héracles, tendo vivido o enlouquecimento como compensação da desmedida de sua força e arrogância, e tendo recebido a mão amiga de Teseu e o feminino divino de Hebe, a deusa da eterna juventude, representaria o herói portador da dualidade *puer-et-senex* integrada, que vem, como um espírito, para re-animar Filoctetes. Sua aparição tira o herói ferido da dimensão comezinha do húmus, do **engano**, onde se sentia **vítima** de outro externo, e o realoca onde pode assumir seu lugar: com humildade frente os desígnios dos deuses, tendo que fazer a sua parte humana no desenho divino de seu drama. A aparição de Héracles no desfecho da tragédia nos dá a informação da necessária introjeção do aspecto divino, e da compreensão de que o arco não está fora; Filoctetes é o próprio arco e deve reassumir seu lugar.

> Ao respondermos a nossa própria pergunta, somos *senex-et-puer*. Ao questionarmos nossa própria resposta, somos *senex-et-puer*. As duas faces voltadas uma para a outra em diálogo. Esse infindável diálogo com nós mesmos e de nós com o mundo é o que nos mantém no significado.[99]

Neoptólemo traz isso para Filoctetes: o diálogo e a possibilidade de conexão com o significado, o que potencializa e atualiza as polaridades *puer* e *senex* na dualidade *puer-et-senex*. Prepara o terreno para a ligação com o divino Héracles. O jovem guerreiro, Neoptólemo, abre espaço para que Filoctetes signifique sua dor e se descole de sua imagem de castigado e moribundo, **de vítima**. Por sua vez, Neoptólemo vai para a aventura na ilha de Lemnos com seu *puer* ativado e reconhece o *senex* em Filoctetes. Também sai desse encontro modificado, tendo podido vivenciar o arquétipo não cindido.

O amigo é justamente aquele capaz de dar sentido à dor. É ele quem nos dá a mão quando nos colocamos como **vítimas** da inconsciência e do **engano** e é quem nos alerta e nos espelha para sairmos desse lugar e reto-

---

[99] HILLMAN, 2008, p. 58.

marmos nossa busca. O mito de Filoctetes, o herói ferido, o **enganado**, mas também o herói amigo, ensina-nos que o novo vem pela mão do amigo, pelo irmão estrangeiro, pelo estrangeiro-irmão. Não se ganha uma guerra sem que se inclua a ferida, o mau cheiro, a dor, o feminino, o exilado, seja ela uma guerra pessoal, interna, ou a maior de todas as batalhas já descrita em versos.

CONCLUSÃO

O aspecto *puer*, ativado na figura amiga de Neoptólemo, indica-nos a possibilidade de saída da situação de vitimização, tão presente na nossa condição humana e que leva tantos pacientes a um mergulho no campo da depressão. **Engano** e **abandono**, temas presentes na história de Filoctetes, também compõem o quadro depressivo de características saturninas. A pessoa aprisionada no complexo da **vítima** sente-se enganada pelo destino e abandonada pelos deuses, pela sorte, ou por qualquer ente ou situação onde projeta um Outro salvador. Nosso herói foi, de fato, vítima de um abandono perverso. No entanto, alguém já assim formulou, o que interessa não é o que a vida nos faz, mas o que fazemos com o que a vida nos faz. Filoctetes ficou a olhar o chão e a lamentar sua sorte. Mesmo depois de Neoptólemo lhe estender a mão e lhe provar fidelidade, ele insistiu em não ceder e permanecer onde estava. Foi preciso Héracles descer do Olimpo para que se abrisse para uma mudança de rumo.

A acomodação a uma situação conhecida é um dos aspectos mais visíveis do arquétipo da **vítima**. O desconhecido lhe é absolutamente amedrontador pela sua incapacidade de colocar fé em seus recursos ou na possibilidade de ativá-los. Prefere dar a mão aos vícios e idiossincrasias que o fazem movimentar-se em torno de si mesmo, com a ilusão de um deslocamento que, no entanto, não o tira do lugar.

Refletindo sobre o mito, vemos que os moradores da ilha de Lemnos, o lócus do abandono por meio de um engodo, são Afrodite e Hefesto. Afrodite é ofendida pela ausência de seu culto. Um lugar onde não se presta homenagens à deusa do amor e da fecundidade é, por definição, um lugar árido e sem vida; desprovido da viabilidade do vincular-se. Ao lado disso, Hefesto, o deus *faber* e transformador por excelência, artífice das mais belas joias e armas, tem ali sacerdotes curadores que não exercem seu ofício. É como dizer que o aspecto transformador do deus se encontra inativo, inoperante. Afrodite e Hefesto, dois representantes de um fogo modificador, ela, com seu fogo erótico, ele com sua forja dando forma ao duro metal, ambos sensíveis ao belo.

Podemos pensar que o aprisionamento no complexo da **vítima** tem expressão na exclusão das energias de Afrodite e Hefesto e no isolamento do fogo transformador que esses dois deuses propõem. A ferida de Filoctetes purga e queima; é água e fogo – elementos desses divinos. O mito fala da necessidade de acolhimento da ferida para uma retomada do caminhar. Tal acolhimento tem o caráter *phílos* e a dinâmica *puer-et-senex* em conjugação. Assim como em alguns momentos precisamos ser mães ou pais de nós mesmos, no campo do arquétipo da **vítima**, é necessário que sejamos amigos, irmãos de nós mesmos, para que possamos enxergar o divino nos sinalizando que é chegada a hora de olhar para frente e sair do lugar conhecido da dor. A saída do território da **vítima** dá espaço para a ativação do herói. O amigo é ponte para o acolhimento do divino e a transformação da condição paralisante. Abre a porta para o eros-afrodisíaco e realoca o fazer-hefestiano sensível no mundo. Nesse processo, é possível redimensionar a dor e encontrar, como pediu Héracles por meio das palavras de Eurípedes, a justa medida do penar.

REFERÊNCIAS

ALVARENGA, M. Z.; BAPTISTA, S. M. S. *Ulisses, o herói da astúcia*. São Paulo: Casa do Psicólogo, 2011.

ALVARENGA, M. Z. et al. *Mitologia Simbólica – Estruturas da psique e regências míticas*. São Paulo: Casa do Psicólogo, 2010.

APOLODORO. *Biblioteca Mitológica*. Madrid: Alianza Editorial, 2004.

BRANDÃO, J. S. *Dicionário Mítico-Etimológico*, v. I-II. Petrópolis: Vozes, 2000.

EURÍPEDES *Héracles*. Tradução de Cristina Rodrigues Franciscato. São Paulo: Palas Athena, 2003.

HILLMAN, J. *O livro do Puer*. São Paulo: Paulus, 2008.

HOMERO. *Ilíada*. Tradução de Haroldo de Campos. São Paulo: ARX, 2004.

SÓFOCLES. Édipo em Colono. In: _____. *A Trilogia Tebana*. Tradução de Mário Gama Kury. Rio de Janeiro: Jorge Zahar, 2004.

_____. *Filoctetes*. Tradução de Fernando Brandão dos Santos. São Paulo: Odysseus, 2008.

_____. *Filoctetes*. Tradução de Trajano Vieira. São Paulo: 34, 2009.

KONSTAN, D. *A amizade no mundo clássico*. São Paulo: Odysseus, 2005.

9

ÉDIPO, O ABANDONO E A PARANOIA
(2013)

INTRODUÇÃO

Na primeira cena do filme "Édipo Rei", de Pier Paolo Pasolini, vê-se um indefeso bebê deixado só pela mãe num enorme gramado. A imagem alude à insegurança e vulnerabilidade pela sensação que provoca. No contexto mítico, a criança será abandonada por um pastor no pé do monte Citéron, numa paisagem desértica, à sorte da Mãe Natureza, Geia. Será acolhido por outra família, o rei Pólibo e a rainha Mérope – de Corinto –, inférteis. A impressão que se tem a partir da tragédia, bem como do mito, é que os pais coríntios teriam sido pais amorosos e, justamente por isso, Édipo, já um jovem adulto, teria saído alucinadamente da cidade para impedir a execução do presságio délfico que anunciava que o príncipe mataria seu pai e desposaria sua mãe. Isso acontece quando, depois de Édipo ter crescido na nova família em total inconsciência de sua condição, um cidadão embriagado traz à tona a outra origem possível para Édipo. Este vai ao oráculo de Delfos, na intenção de saber onde estava a verdade e indaga se seria de fato um filho adotivo. O oráculo lhe responde terrível e enigmaticamente como acima descrito e ele parte na direção oposta à da cidade, indo dar justamente de frente com o destino que julgava escapar, em Tebas.

Convido o leitor à reflexão sobre a importância que o primeiro abandono, feito pelos pais biológicos (ou cuidadores), tem na sua (nossa) constituição, na formação de seu complexo, uma ferida indelével em sua autoestima. Édipo é, antes de mais nada, o enjeitado, o não querido, o ameaçador, o indesejado, o expulso, o excluído, o expatriado, o abortado. Antes de ser, já carrega em si esses olhares e recusas, rótulos que marcarão sua existência. Isso será fundante e se desdobrará em uma reação de caráter paranoico, em particular quando confrontado por Tirésias, situação sobre a qual gostaria de me debruçar.

FILICÍDIO

Conhecido como o drama daquele que mata o pai e casa-se com a mãe, a tragédia de Sófocles deslinda, no entanto, antes do parricídio, o filicídio. Há uma repetição do ocorrido com as divindades primordiais Urano e Geia, e depois com Crono e Reia, quando o medo de ser deposto pelo filho faz o pai encontrar meios de eliminar a criança; no caso de Édipo, a exposição. Como se sabe, Urano devolvia ao ventre de Geia todos os rebentos de seu encontro, enquanto Crono devorava os filhos assim que nasciam.

O sucessor natural deve morrer. Essa cena primária é a base de toda a dinâmica das relações. O medo da deposição, em última instância o medo da morte, está na raiz dos relacionamentos e pode caminhar para a tragédia ou não, a depender da forma como se interpreta e se lida com seu cerne. Se o desfecho é literal, a tragédia consteIa-se. Se o oráculo é ouvido e compreende-se que simbolicamente uma morte é necessária, a história pode ter outro fim. No fundo, o temor à morte e à perda do poder levam aos fatos como os conhecemos.

A escuta de Édipo é como a de seus pais, nula. Para evitar a morte, como Laio tentou fazê-lo, ele vai em direção a ela, como seu pai o fez. Todos ali são ineptos para sair do ciclo vicioso da repetição. Em toda a tragédia, cada qual olha para si mesmo numa dinâmica altamente narcisista. É a cegueira em seu mais alto grau.

Laio sabia da profecia que dizia que, caso tivesse um filho com Jocasta, este o mataria, e mesmo assim fez um filho na rainha.[100]

Jocasta sabia da profecia, mas deixou-se usar pelo desejo de Laio. Tem um papel de cúmplice passiva em todos os momentos. É incapaz de enxergar as visíveis marcas de Édipo em seu corpo, compartilhado diariamente em seu leito.

---

[100] SÓFOCLES. Édipo Rei, In: *A Trilogia Tebana*. Tradução de Mário da Gama Kury. Rio de Janeiro: Jorge Zahar, 2004. v. 851-854, p. 54.

Édipo mal escuta a resposta do oráculo e sai de Corinto sem um momento de reflexão, matando quem estivesse em seu caminho e sem cumprir o desígnio maior de expiar as mortes que por desventura viesse a participar, como mandavam os costumes. Funciona no que a Psicologia Analítica nomeia de dinâmica *puer* -dissociado de sua contraparte *senex*-, sem arcar com as consequências de seus atos. No caminho de fuga de Corinto, sente-se aviltado por quem vem em sua direção e mata quatro homens, entre eles seu pai biológico, Laio. O quinto homem da comitiva consegue fugir. Ao chegar a Tebas, Édipo responde à pergunta da Esfinge e, assim, põe fim à maldição que assola a cidade, ganhando a mão da rainha em prêmio. Depois de anos de reinado justo, uma peste ali se instala e novamente o oráculo é procurado. A resposta ordena que a morte do rei seja finalmente punida. A busca do assassino de Laio, e no fundo de sua identidade, é feita às escuras, na inconsciência. Édipo, sem saber, joga sobre si penalidades implacáveis e inescapáveis.

Há duas esterilidades apontadas: uma a ser preservada pelo casal tebano, anunciada pela pitonisa apolínea, e a natural do casal coríntio. Vamos pensar no vaticínio de Apolo sobre aquele casamento permanecer infrutífero. Laio praticou um amor homossexual com Crisipo, sendo vértice de outra tragédia. Infringiu na regra de ouro da sociedade grega, a hospitalidade, e seduziu o filho de Pélops ao ser recebido em sua casa. Em uma versão o rapaz se matou; em outra, teria sido morto. Isso certamente provocou a ira da deusa Hera –protetora dos casamentos legítimos – que viu ameaçado ou maculado seu território de poder com o ato homoerótico de Laio, bem como a ira de Zeus, senhor supremo do Olimpo e patrono da hospitalidade. Essas situações alertam-nos para o pano de fundo que a tragédia desvela, os atos convergindo para a manutenção da ordem patriarcal.

Esse não é um motivo por si só, mas desenha um panorama e nos conta bastante a respeito de Laio. E quem era Jocasta para Laio? Um casamento arranjado? Que qualidade de vínculo teriam? Que espécie de pai manda o filho para ser comido pelos animais selvagens? Se cabe aos deuses decidirem se a criança deve ou não viver, Laio parece ter desconsiderado, arrogantemente, essa possibilidade, o que o faria encontrar-se com seu destino mais cedo ou mais tarde. Essa é uma de suas *hybris*. Entre "ele ou eu", Laio escolheu a si mesmo, sem levar em conta o desejo dos deuses. Laio carrega, assim, pelo menos duas mortes nas costas.

Quando uma criança não é desejada, ou por algum motivo o casal parental está sendo avisado que ela não tem espaço saudável naquele par, ela já nasce no âmbito do abuso. A surdez e a cegueira do mito reeditam-se no humano.

PARANOIA

Segundo a teoria dos apegos de John Bowlby, podemos imaginar que Édipo teria tudo para desenvolver um apego seguro com seus pais adotivos, mas a memória do abandono gravada em seu corpo indicaria um apego inseguro de caráter evitador. O trauma primeiro de ter sido enjeitado teria ficado impresso em seu corpo, e curiosamente em seu nome, misturando assim identidade e história.

A paranoia é considerada um distúrbio psíquico do âmbito do pensamento, ou da atribuição de significados aos pensamentos. "A paranoia é uma desordem do significado" diz Hillman em seu livro dedicado a ela. Chama a atenção para a relação negativa com Mercúrio (o deus grego Hermes) de onde resulta a proposição básica de toda paranoia: **"o que quer que esteja oculto é nocivo** (daí, revelação igual a segurança), exigindo rastreamento contínuo, hipervigilância [...]"[101]

O que Hillman parece ressaltar tem a ver com a natureza do deus. Hermes é o deus dos caminhos, dos viajantes, das trocas, da comunicação entre os mundos e as instâncias mais longínquas. Deixa lugar para o desconhecido e misterioso, como na situação em que Zeus lhe pede para não mentir e assim fazer-se merecedor de um lugar no Olimpo; responde ao pai que não mentiria, mas reservaria a si o direito de não revelar a verdade por inteiro, numa demonstração de habilidade nas negociações e no resguardo de um espaço para o oculto. No entanto a paranoia envenena o pensar, tal como o tóxico metal mercúrio – nome latino do deus Hermes -, tornando a circulação das ideias, dos afetos, dos sentimentos algo comprometido. É a

---

[101] HILLMAN, J. *Paranoia*. Petrópolis: Vozes, 2009. p. 81.

vivência de Hermes na sua faceta negativa, não mais fluido, mas paralisado. Assim, o oculto torna-se nocivo.

Eu diria também que a paranoia tem ligações profundas com Apolo, um deus cuja expressão arquetípica revela o pensamento e a intuição como modos de acesso ao mundo, e a exigência da perfeição é alta. Filho de Leto e Zeus, tem como atributos a mântica – a capacidade previsiva –, a música, a cura e um pensamento flechicerteiro. Fazia-se acompanhar de seu arco e sua lira e era um porta-voz do pai. Pela mítica, é possível reconhecer em Apolo uma espécie de filho mais velho, obediente e orgulhoso do modelo paterno, mas também com inveja e desejo de ocupar o lugar do genitor, como de fato intentou, incentivado por Posídon, sem sucesso no entanto. Em suas histórias, Apolo é apresentado como traído e desprezado por muitas mulheres, entre elas Cassandra, que lhe negou o amor e foi por ele amaldiçoada com a incredulidade das pessoas frente às suas adivinhações; amou Marpessa, que preferiu um mortal – Idas – ao deus, temendo sua eterna juventude; amou Corônis, que o abandonou ainda grávida de Asclépio para ficar com o mortal Ísquis, tendo o casal sido morto pelas flechas do deus e de Ártemis, sua irmã. Nesses episódios, dentre tantos outros, pode-se ver o seu lado vingativo, que atribui castigos e mortes a quem lhe frustra as intenções. Esse traço, bem como o narcisismo do deus sol, "vem de berço". É um defensor incansável de sua mãe Leto, ao lado da irmã, combatendo gigantes e dragões e quaisquer forças ctônicas que ameacem a solaridade patriarcal. Certa feita, Níobe, rainha de Tebas, casada com Anfião, gabou-se de ter tido sete filhos e sete filhas, enquanto Leto só tivera dois. Esta pede vingança e é prontamente atendida: os gêmeos matam todos os filhos e filhas da imprudente mortal com suas flechas letais.[102]

A mãe, portanto, espera dele proteção e ele não hesita em corresponder. Também conhecido por ser o deus da justa medida, tem na perfeição a sua meta e não aceita quando é ferido nesse princípio. Na situação de encontro com Hermes, fica encantado com a lira criada pelo irmão a partir do casco de uma tartaruga, e ganha dele o presente que o acompanhará sempre. Entretanto o pedido que faz ao pequeno deus de que lhe prometa não roubar-lhe o instrumento mostra a desconfiança como um traço característico, desconfiança esta que, em grau extremo, pode chegar à paranoia. Todas essas

---
[102] BRANDÃO, J. S. *Dicionário Mítico-etimológico*. v. I, Petrópolis:Vozes, 2000. p. 87-94.

situações e qualidades talvez possam nos auxiliar a ver na manifestação arquetípica desse divino tão presente no mito de Édipo, as dificuldades apolíneas em ser rejeitado, desconsiderado, abandonado, as exigências de perfeição, bem como a reação a tudo isso.

Impossível falar em Apolo sem olhar para o outro polo da gangorra que os coloca sempre juntos em alternância: Dioniso. Friso aqui apenas um dos atributos mais marcantes no deus do êxtase, sua capacidade de alterar a consciência, de provocar alucinações e delírios, de se manifestar pela imagem. Parece certo que quando falha a objetividade e a razão apolíneas, é o campo dionisíaco que ganha território e traz consigo as visões e distorções da percepção. Dioniso sabe onde está a fragilidade e é por essa brecha que ele se introduz e se presentifica, como numa tentativa orgânica de reequilíbrio; e assim, ele se fará notar na dita desordem do significado das ideias paranoicas.

A paranoia é uma espécie de prima-irmã do narcisismo, na sua autorreferência característica. O sentimento de perseguição induz à ideia de um crime cometido e evita-se encará-lo, expurgá-lo, expiá-lo como seria devido. Qual crime? Em Édipo parece que a *hamartía* (derramamento de sangue parental) leva à cegueira e à surdez.

O que se faz com aquilo que se sabe? Laio sabia do interdito à sua paternidade. O que fez? Édipo sabia do interdito anunciado pelo oráculo. O que fez?

Não é por acaso que nosso herói tebano do alto de sua arrogância reagirá de modo paranoico quando Tirésias, o grande vidente cego é trazido à sua presença. O tom do diálogo inverte-se enantiodromicamente quando o que escuta não é o que esperava.

TRAGÉDIA

Até esse momento na tragédia, Édipo está empenhado em encontrar e afastar definitivamente o flagelo responsável pela peste instalada na cidade, anunciado pelo oráculo de Delfos. É um rei justo e preocupado com seus súditos. Manda chamar Tirésias, "único entre os homens que traz em sua mente a lúcida verdade".[103] O adivinho fica extremamente incomodado de estar na posição de mensageiro de notícias tão terríveis como as que tem consigo, até então em silêncio. Édipo coloca-se em suas mãos, demonstrando inicialmente uma grande confiança. A reação de Tirésias é de lamento e nos aponta para a pergunta acima formulada –o que se faz com o que se sabe?

> Pobre de mim! Como é terrível a sapiência
>
> quando quem sabe não consegue aproveitá-la![104]

Os dois trocam farpas, e Tirésias pede a Édipo que o deixe ir, pois não quer ser arauto do que está por vir. Sabe, por intuição, o que significará sua revelação. A crescente petulância do rei faz com que lance acusações ao cego como tendo sido o mentor do crime, como se, ao se negar a falar do ocorrido, tivesse algo a esconder, de onde conclui ter ele alguma culpa ou envolvimento no crime de Laio. Aqui começa o delírio paranoico de Édipo; se há algo oculto, deve ter a ver com uma conspiração contra a sua pessoa, acredita. Reescrevo sua primeira acusação a Tirésias:

> Pois bem. Não dissimularei meus pensamentos,
>
> tão grande é a minha cólera. Fica sabendo
>
> que em minha opinião articulaste o crime
>
> e até o consumaste! Apenas tua mão
>
> não o matou. E se enxergasses eu diria
>
> que fostes o criminoso sem qualquer ajuda! [105]

Édipo não crê no que ouve e se enfurece contra o adivinho, quando este passa a falar abertamente sobre a verdade de sua história. Édipo reflete alguns segundos antes de começar a atribuir a outro possível culpado o assassinato do labdácida: Creonte. Não teria sido o cunhado um comparsa, a tramarem ambos contra ele, ansiando o poder e o trono? A ferida no campo do Eros o joga defensivamente no campo do Poder. Novamente demonstra uma enorme dificuldade em observar-se e às suas limitações. Passa a acreditar nessa ficção e a lançar impropérios a Creonte quando este surge para argumentar. Tirésias retira-se frisando que não é ao homem ou ao rei

---

[103] SÓFOCLES, 2004, v. 354-355, p. 31.
[104] SÓFOCLES, 2004, v. 377-378, p. 32.
[105] SÓFOCLES, 2004, v. 412-417, p. 34.

que ele deve obediência, mas aos deuses, o que o deixa bastante livre para fazer suas revelações. Essa colocação poderia também lembrar o rei de sua humanidade e necessária humildade frente ao divino. Não é, no entanto, levada em conta, em nova demonstração de surdez.

O embate com Creonte é igualmente regado pela ira, e Édipo passa a acreditar firmemente nas intenções escusas do cunhado em usurpar-lhe o trono. Alega um golpe, sentindo-se merecedor do poder conquistado com a eliminação da Esfinge. Não o convence a defesa que Creonte faz de si, com argumentos sensatos e um pensamento lógico irrepreensível. Estamos no campo do irracional. Para o indivíduo atormentado por defesas paranoicas, as razões parecem desprovidas de força de persuasão. Chamo a atenção a uns versos nos quais podemos ver com clareza a fragilidade da percepção de si mesmo e a insegurança a respeito de seu valor próprio que servem de esteio para seu delírio de perseguição (negritos de minha autoria):

> Que fazes, tu que estás aí? Ainda ousas chegar a mim, tu que **seguramente** queres tirar-me a vida e despojar-me do poder abertamente? Pois vejamos! Dize agora: **chegaste à conclusão de que sou um covarde ou insensato**, para conceber projetos tão sórdidos? **Acreditavas que eu não via tuas maquinações e não as puniria havendo-as descoberto?** Dize, pelos deuses: não é conduta de demente cobiçar, sem bens e sem amigos, o poder sem par que vem do povo numeroso e da riqueza?[106]

A inversão de comportamento de Édipo, até então um rei sensato, para um ser atormentado vendo sombras de traição à sua volta mostra que seu complexo foi tocado e ativado. Vemos nos versos destacados o quanto a insegurança de Édipo o faz defender-se como se estivesse, paradoxalmente, seguro dos planos de traição de Creonte. Ao lado disso, nota-se também o

---
[106] SÓFOCLES, 2004, v. 629-640, p. 43.

receio em ser visto como um covarde pelo cunhado e, em seguida ,por todo o povo. Numa tentativa um tanto canhestra, inverte a situação e quer que seu interlocutor passe a crer que ele de tudo sabia. Nada poderia estar oculto de seus olhos. Deve ser enxergado como alguém portador da sapiência, ou mais que isso, alguém onisciente. O avesso da cegueira.

ABANDONO, ABUSO E MEDO

O julgamento é para o paranoico seu maior medo; ele próprio condena-se ao julgar-se incapaz. Chegamos assim à raiz da nossa questão: a associação da vivência de abandono com o sentimento paranoico. Essa associação resulta funesta uma vez que não houve na vida da criança abandonada um vaso continente para a experiência precoce –e muitas vezes inconsciente- do abandono e a reconstrução de novos vínculos saudáveis que tragam àquele indivíduo a possibilidade de acreditar no outro, bem como se valorizar, construindo assim um novo edifício com fundações em uma autoestima genuinamente verdadeira.

Enquanto escrevia este texto e refletia sobre o porquê Édipo nunca expiou as mortes que causou, por que a morte de Laio e seus servos não foi investigada apesar de se tratar de um rei, por que Jocasta não reparou que recebia como esposo alguém com idade para ser seu filho e com marcas e cicatrizes semelhantes às do bebê que mandou expor, por que Édipo não se perguntou se Jocasta, com idade para ser sua mãe, não teria algo a ver com a resposta do oráculo por ele próprio consultado, por que não voltou a Pólibo e Mérope para uma nova conversa sobre sua origem, por que seus pais adotivos não foram em sua busca para esclarecer as dúvidas que lhe atormentavam tanto a ponto de fugir, por que desse novo abandono, enfim tantas questões em aberto conferindo à história o atributo inequívoco da cegueira e da surdez, encontrei casualmente, mas certamente não por mero acaso, no livro que estava lendo, *Não perceberás* de Alice Miller, uma similar indignação.

Como se sabe, essa autora destaca os abusos cometidos pelos adultos contra crianças pequenas, abusos de ordem sexual e psicológica e que permanecem perpetuando-se por aquilo que ela denomina "pedagogia negra".

O estudo da história da família e como a criança foi e é até hoje usada como brinquedo sexual dos adultos, acreditando-se ser essa uma atitude sem maiores consequências, não é suficiente para colocar a salvo gerações de indivíduos que repetem as agressões sofridas num ciclo sem fim de maus tratos. Miller crê que a possibilidade de se conter esse movimento compulsivo está na escuta genuína e interessada do terapeuta – ou do educador, ou de um adulto verdadeiramente aberto –, que terá que se haver com seus próprios abusos para poder criar um espaço em que seu paciente vivencie a raiva reprimida e marcada em seu corpo. Ao profissional da saúde caberia fazer o que Édipo não fez, impedido por sua cegueira: olhar os próprios pés inchados e voltar-se à sua história e origem antes do trágico impor-se. Para minha alegria, encontrei no desenvolvimento do raciocínio da autora um capítulo dedicado a Édipo, precedido pela instigante colocação: "A infância de Laio e, portanto, também o histórico da infância de Édipo, permaneceram ocultos para esse ramo da psicanálise até hoje ou ainda não despertaram seu interesse".[107]

A "esse ramo da psicanálise", a autora refere-se a teoria das pulsões, que julga ser o grande equívoco que Freud formulou após abandonar a teoria da sedução. Até 1886, Freud sustentava a tese de que as crianças eram vítimas de sedução por parte dos adultos e que o adoecimento da psique tinha uma ligação direta com essa memória inconsciente. No texto "A etiologia da histeria", ele afirma:

> Inclino-me, portanto, a crer que, sem prévia sedução, não é possível à criança empreender o caminho da agressão sexual. Deste modo, as bases das neuroses seriam sempre constituídas por pessoas adultas, durante a infância do indivíduo, transmitindo-se depois às crianças entre si a disposição a adoecer mais tarde de histeria.[108]

Tais afirmações causaram grande mal estar, e Freud abandonou em seguida essas ideias pela teoria das pulsões, atribuindo às crianças o caráter perverso-polimorfo e aos seus relatos (sexuais e/ou agressivos) a adjetivação de fantasia.

---

[107] MILLER, A. *Não perceberás*. São Paulo: Martins Fontes, 2006. p. 156.
[108] FREUD, S. Etiologia das neuroses. In: *Teoria das neuroses. OC2*. Rio de Janeiro: Delta, 1959. p. 30.

Essa é uma discussão bastante interessante, bem como longa, e me permitirei não esmiuçar aqui o pensamento de Miller, convidando o leitor a ler o citado livro na sua integralidade, no qual poderá encontrar essa tese descrita e embasada de maneira vasta e clara. Por ora, gostaria apenas de destacar que, juntamente com minhas questões acerca de um dos mitos mais impactantes para a história do homem moderno, somaram-se as indagações dessa autora, estimulando-me a me debruçar ainda mais sobre as suas nuances.

A interdição às perguntas e a manutenção dos segredos são fatos perniciosos frente ao quadro dramático descrito por Miller. Não se fazem questões! A criança não pode perguntar para os pais sobre seu passado e sente vergonha e culpa ao ser reprimida e repreendida na sua tentativa.

Com Édipo também ocorre assim. Quando pergunta a Pólibo e Mérope sobre a veracidade do que ouviu de um coríntio a respeito de ser adotivo, eles desconversam e tentam garantir ao filho que é legítimo. Aqui também há cegueira e surdez. Talvez um excesso de proteção, a incapacidade de ver no filho condições de suportar a verdade, a dificuldade em lidar com a própria ferida da infertilidade, o medo do abandono no casal parental na crença também ficcional-paranoica frente ao desvelamento da história passada, hipóteses inúmeras que ficam inconclusas. Restou um enigma que só será respondido pelas circunstâncias futuras.

No silêncio, cria-se um tabu. Édipo cala-se apesar de ser um intuitivo. Em seu silêncio, inaugura-se o tabu da origem. Também não pergunta a Jocasta quem era ela, ou quem foi Laio, seu marido morto. As questões ficam de fora dos relatos; são atributos da Esfinge e sua exigência por respostas adequadas ou ...morte. Conclui-se: para se viver é necessário que a Esfinge morra. Ela, como representante do bestial, ou, poderíamos pensar a partir de outro ângulo, também da curiosidade, do desejo de conhecimento que devora. O mito nos mostraria, assim, que as perguntas não formuladas também matam, como as não respondidas – pela Esfinge, pelos pais, pelos educadores. A criança Édipo não fez perguntas e ficou cega para sua identidade, aleijada, cambaia. Não valorizou sua própria intuição e abandonou-se.

Miller alerta para o patogênico no trauma em que se é deixado sozinho com suas dúvidas e mágoas. A obediência é condição desse modo de existência, e os pais carregam suas questões não respondidas para as gerações subsequentes. Édipo acusa Tirésias e Creonte de quererem destituí-lo do poder. Esse era o medo de Laio, que acreditou ter eliminado a ameaça, na sua ficção privada, expondo o filho no monte Citéron à sua própria sorte. Laio, por sua vez, teve que assumir o trono de Tebas jovem, após a morte prematura do pai – Lábdaco – em meio a sucessivos conflitos (curto reinado de Lico, assassinado por Zeto e Anfião; fuga de Tebas em busca de asilo na corte de Pélops). A questão da sucessão também lhe foi imposta desde cedo.

CONCLUSÃO

A autopercepção como uma pessoa inadequada, que não deve formular perguntas, não deve ser curiosa, não deve expressar dúvidas, não deve explorar o mundo conforme o que brota de dentro, não deve ser livre no pensar e no sentir, não deve, não deve, não deve..., cria um campo fértil para a paranoia, uma vez que atinge na raiz a autoestima e dá ao indivíduo um espelhamento distorcido de si mesmo; tal dinâmica exige dele a vigilância do que se passa fora em tempo integral. O abusador primordial é projetado no exterior, e as ficções acontecem, deformando e criando novas percepções. Dito de outra forma, no palco das regências mítico-arquetípicas, entra em cena Apolo na sua faceta desconfiada e vingativa, pronto a soltar suas flechas contra quem ousar vislumbrar em si imperfeições ou falhas, e Dioniso a provocar visagens e delírios.

Édipo é de uma linhagem direta de um *spartoi,* soldado nascido dos dentes do dragão de Ares semeados por Cadmo, fundador de Tebas. Sua ascendência tem raízes de marcada violência. A forma irada e incontida com que enfrenta e mata o pai na encruzilhada pode demonstrar a raiva acumulada na situação de abuso (de ter sido rejeitado e exposto –mesmo que inconsciente mas com o registro em seu corpo-, ou de ter que ser a criança idealizada por Pólibo e Mérope, ou por não ter as perguntas sobre a sua origem respondidas por eles).

Não há resposta que baste ao perguntador paranoico, pois sua confiança básica está ferida de forma indelével. Ou cura esse buraco na autoestima, ou permanece repetindo nas relações a busca incessante e compulsiva de amor, sem olhar para os novos abusos que se dão em entregas cegas. Édipo reedita-se na nossa vida, na sua surdez e cegueira limitantes. Resta-nos transformar o que sabemos a respeito da tragédia em símbolo vivo, para que não precisemos furar nossos olhos para só então passar a enxergar.

Honrando a Apolo, em sua faceta de deus das musas e das artes, encerro essas reflexões com uma poesia:

BREU

Raphael Gancz[109]

Um de frente para o outro, quase se encostando. Separados somente por um milímetro. Tanto faz, um ou um milhão. Eles não se encaram. Não se fitam. Não se sabem. O breu torna o ambiente indiferente. É uma porta que divide, delimita, distancia.

Mesmo quando os narizes estão rentes.

O breu liberta o olhar. Leva a vista além. É sólido, a concreta escuridão. É uma mão boba tateando nas trevas, procurando saliências, apalpando as partes pretas. O breu não gosta do óbvio, do explícito, do escancarado. Prefere o subentendido. Não caminha em linha reta. É uma bola de boliche mal arremessada. O breu segue na direção diagonal.

O breu é uma sinfonia de Bach, um cheiro de canela, um gosto de fubá. É mais sensível. Mais sensitivo. Mais sensorial. É vasto, ancho, largo. Está nas profundezas da Terra, no espaço sideral.

O breu é todo o resto.

É o que está em volta.

Ao redor da íris.

O branco de um olho arregalado.

Aquela parte por onde não se enxerga.

O breu dispensa binóculos, lunetas, lentes, óculos. Reconhece os traços, as feições, o semblante. O breu adivinha quem é. É o começo do túnel. O breu veio primeiro, é anterior. E vai

---

[109] GANCZ, R. *Contrabandos*. São Paulo: Edith, 2010. p. 101-105.

ficar até o final. Tire tudo, resta o breu. O breu é o básico. É o estado natural.

O breu é um casulo. Que protege e afasta. É um véu que veste a alvorada. Um cobertor que cobre a claridade. Um extintor que apaga a luz. O breu é um banho. Não desbota, não empalidece. É fotogênico. Não precisa tirar o brilho do rosto. O breu fica bem em qualquer registro. Sempre sai negro, sempre sai nítido. É um balde de piche atirado em cheio na tela.

O breu é digno de contemplação.

É uma tampa. Que veda e lacra. É uma área VIP, particular, em que a luminosidade não entra, e as centelhas são expulsas, espancadas, a pauladas. O breu é uma criança vendada, segurando um porrete, e som das guloseimas caindo. O breu promove festas-surpresa. É desejo, pedido, pensamento, suspiro.

O breu é um alívio.

Não tem meia-noite. Não tem meia-luz. Não tem meio-termo. Com o breu, não tem conversa. Para ser breu, tem de ser inteiro. Insufilme cem por cento. Nas laterais e no para-brisa. É dupla, tripla camada de tinta.

O breu é impecável.

Não deixa escapar nem uma nesga.

Nem uma fagulha.

Nem um vaga-lume.

É um interior constante. Reflete o íntimo. É, de repente, dar de cara consigo dentro de um esconderijo. O breu mexe com os brios. É um teste de coragem. Subir ao sótão, descer ao porão. O breu é uma floresta densa.

É a tentativa de resolver, mentalmente, uma difícil equação de álgebra.

É o que vem depois do até-onde-se-conhece.

Um eclipse solar, um buraco negro.

O breu é uma pálpebra.

REFERÊNCIAS

BOWLBY, J. *Formação e rompimento dos laços afetivos.* São Paulo: Martins Fontes, 2006.

BRANDÃO, J. S. *Dicionário Mítico-etimológico.* v. I e II, Petrópolis: Vozes, 2000.

FREUD, S. Etiologia das neuroses. In: *Teoria das neuroses.* OC2. Rio de Janeiro: Delta, 1959.

GANCZ, R. *Contrabandos.* São Paulo: Edith, 2010.

HILLMAN, J. *Paranoia.* Petrópolis: Vozes, 2009.

MILLER, A. *Não perceberás.* São Paulo: Martins Fontes, 2006.

SÓFOCLES. Édipo Rei. In: *A Trilogia Tebana.* Tradução de Mário da Gama Kury. Rio de Janeiro: Jorge Zahar, 2004.

10

DESTINO, MALDIÇÃO E LIVRE-ARBÍTRIO
(2013)

Quando olhamos para a mitologia grega e vemos a riqueza de descrições de situações vividas por um panteão de deuses, deusas, heróis e tantos outros personagens, vemos que há ali uma variedade infinda de ensinamentos em modos de funcionamento, que, quando transpostos à dimensão humana, trazem consigo sabedorias preciosas. A Psicologia Analítica de Carl Gustav Jung legou-nos a compreensão e nomeação de algumas realidades que nos auxiliam a olhar a experiência humana de uma forma agregadora de consciência. Assim, a noção de *arquétipo*, por exemplo, constrói entre a vivência prosaica da banalidade do cotidiano e o mundo imaginário, o mundo das ideias, ou o mundo do pensamento, uma ponte que descortina um universo inteiro de possibilidades de apreensão das relações, do outro, dos significados.

Uma divindade mítica pode ser vista como uma expressão de uma realidade arquetípica. Quando examinamos de perto um mito, munidos de um olhar analítico e simbólico, podemos entender que há ali um caminho, uma forma particular de expressão que espelha uma possível forma de humanização daquela realidade. Se apurarmos o olhar e atentarmos para o que o mito nos traz de detalhes –que uma leitura mais apressada ou desinteressada pode tranquilamente deixar passar- será possível detectar mitologemas que se repetem, elementos assim ditos típicos, reveladores da essência daquele deus, ou deusa, e daquela história específica. Se continuamos nesse movimento pertinaz de aprofundamento vertical nas entrelinhas do relato mítico, vamos descobrindo, com o coração a palpitar, que existe ali um caminho apontando para o assim chamado pelos junguianos de *processo de individuação*. Como nos sonhos, os símbolos estão todos ali colocados, e é o nosso olhar que deve ser treinado a enxergar o que já estava lá todo tempo; tal como ao entrarmos numa sala de projeção, onde nos primeiros instantes ficamos cegos com a escuridão; mas, se persistimos e esperamos alguns segundos, nossa visão vai aos poucos se adaptando, e logo somos capazes de ver com nitidez o que antes parecia-nos impossível.

DESTINO

Uma questão surge na mítica e é de meu interesse explorá-la. Trata-se de uma indagação que remete à própria idade da consciência do homem, quando ele passa a refletir filosoficamente sobre sua existência. "Quem sou eu?", pergunta-se, e "O que de fato cabe a mim decidir a respeito de meu destino?" "Existe um *destino*?" "O livre-arbítrio seria uma falácia, uma forma construída idealmente para aplacar a necessidade do homem em se sentir criador?" São questões sem respostas definitivas e que nos lançam a fundar e crer em nosso próprio mito de criação.

Aqui cabe pousar os olhos na questão do livre-arbítrio dentro do âmbito da mitologia, na sua intersecção com a leitura simbólica, instrumento que a Psicologia Analítica nos legou. Esta traz em seu cerne a ideia de um centro organizador que contém uma intencionalidade. Há, portanto, um destino. Contudo não um destino único e decisivo, a quem devamos obedecer cegamente. A questão da cegueira é extremamente importante nessas inquietações; pois que o bem maior do trabalho analítico está justamente na consciência e em sua ampliação.

Há muitos destinos possíveis apresentando-se a todo instante, ininterruptamente, para nós. Uma bela imagem desse fato, ou dessa ideia, como queiram, está mostrada no filme "Quem somos nós?"[110] : Um menino está numa quadra de basquete e há muitas bolas pulando ao mesmo tempo, em diferentes alturas e velocidades; num determinado momento, ele escolhe uma delas, e todas as demais desaparecem. E assim, o livre-arbítrio se fez, a escolha se deu. Aquilo que acreditamos ser a única possibilidade é apenas uma delas; mas a que escolhemos. Esse mesmo filme traz a reflexão sobre a possibilidade de mudarmos nosso futuro, mas também, o que considero

---

[110] *What the bleep do we know?* Documentário americano de 2004. Disponível em: <https://whatthebleep.com/>. Acesso em: 11 mar. 2013.

ainda mais significativo para nosso universo "psi", mudar o nosso passado. Ao olharmos as coisas de um ângulo diferente ao qual estamos habituados, até mesmo por influência de nossos sistemas químicos celulares condicionantes de padrões de funcionamento, podemos alterar o modo de compreensão daquilo que nos marcou no passado, bem como fazer novas e diferentes escolhas para o devir.

Nas histórias da mitologia grega, a figura do oráculo e suas predições é corrente e constante. Se pensarmos haver na mítica caminhos de humanização do arquétipo apontando, no seu conjunto, para possíveis percursos de individuação, é decorrência quase instantânea a pergunta sobre o cumprimento ou não de um destino pré-estabelecido. Haveria livre-arbítrio no Olimpo? Seriam os deuses capazes de mudar os seus destinos? As determinações oraculares não teriam que ser sempre cumpridas pelos heróis, heroínas e divinos? Essa questão passaria por algum requisito? Somente numa dinâmica pós-patriarcal[111] estariam os personagens aptos a fazer escolhas conscientes?

No meu modo de entender, a questão traz uma complexidade maior do que aparenta. Se buscarmos exemplos de deuses e heróis em suas histórias registradas há milênios, veremos os oráculos cumprindo-se sem exceção. Porém vemos também alguns personagens compreendendo os presságios e seus destinos de modos diferentes, com qualidades distintas de consciência. Descrevamos, então, um pouco mais a fundo, essas sutilezas.

Segundo Brandão[112], a palavra grega *moira* provém do verbo *meíresthai*, que quer dizer "obter", ou "ter em partilha" e tem como sinônimo a palavra *aîsa*, da mesma família etimológica de *aisymnân*, cujo significado é "reinar sobre", "ter o comando de". É interessante pensar que, dessa forma, o destino liga-se ao reinado. O que é dado e o que eu comando, esse paradoxo encontra-se na raiz do termo grego para destino. Está também ali a personificação de uma Moira universal desdobrada em três figuras inflexíveis: Cloto, a que segura o fuso e fia o fio da vida, Láquesis, a que sorteia o nome de quem deve perecer, e Átropos, a que não volta atrás na sua função de cortar o fio.

---

[111] Dinâmica pós-patriarcal é um modo de funcionamento da psique em que se ultrapassa a forma binária patriarcal de relação eu-outro, de características hierárquicas, para se adentrar num modo tridimensional onde o outro é parceiro e igual, e ambos se inter-determinam.

[112] BRANDÃO, J. *Dicionário Mítico-Etimológico*. v. II. Petrópolis: Vozes, 2001. p. 140.

Quando consideramos o destino como *moira*, significando, portanto, aquilo que nos é devido, o nosso quinhão, um paralelo é possível com a noção de individuação formulada por Jung. Trata-se de um processo, algo que se faz continuamente, na direção de ser o que se é. Nosso destino seria não outro do que concretizar aquilo a que viemos; fazer germinar o grão de que somos feitos. James Hillman trabalha belissimamente essa proposição em seu "Código do Ser". Diferencia destino de fatalismo, este como uma generalização que exclui a reflexão. A *moira* não está em nossas mãos, mas ela é apenas uma parte. É preciso "captar as piscadelas marotas do destino"[113], e este é um ato reflexivo.

Ao lado disso, temos a máxima bíblica de que o homem foi feito à semelhança de Deus. "À semelhança" não significa que sejamos iguais, é bom que se ressalte, mas *simile,* similar, que lembra. A maior de todas as *hýbris* – as desmedidas – humanas é justamente querer se equiparar -ou por vezes mesmo superar- ao próprio deus. É neste momento -revestido da inconsciência – que o **destino** transmuta-se em **maldição**.

A MALDIÇÃO EM ÉDIPO

O exemplo mais emblemático da mensagem oracular transformada em maldição – e depois retomada enquanto destino – está no mito de Édipo. Esse herói ouve de um desconhecido ser ele filho adotivo e vai até Delfos perguntar se essa informação procede. Em algumas versões, encontramos que esse "desconhecido" seria o próprio servo de Laio, encarregado de expor a criança recém-nascida e que, num momento de embriaguez, deixa o segredo da adoção vir à luz. É metáfora do elemento inconsciente que deseja vir à consciência e se aproveita do veículo dionisíaco da bebida para fazê-lo. O oráculo diz a Édipo que ele iria matar seu pai e casar-se com sua mãe. Não foi essa a resposta que ele queria ouvir e também ela não respondia à sua questão. Ficou completamente atordoado com a revelação, de tal forma que perdeu completamente o contato com aquilo que lhe era mais particular e característico: seu pensamento lógico e límpido. Tem-se a impressão, pela atitude desesperada de Édipo – que desembocará na tragédia do assassinato de Laio- -, que ele foi pego em uma região psíquica bastante inconsciente

---

[113] HILLMAN, J. *Código do Ser*. Rio de Janeiro: Objetiva, 1997. p. 208.

e bruta, a ponto de causar-lhe um rebaixamento de consciência e nublar-lhe a capacidade reflexiva. Ainda sem saber se Pólibo e Mérope seriam seus pais adotivos ou legítimos, carregando, assim, em direção a Tebas, a dúvida do "**Conhece-te a ti mesmo**" preconizado por Apolo, é vítima de uma *armadilha do destino*, se podemos brincar com as palavras aqui; é numa encruzilhada que o decifrador de enigmas, ainda obnubilado e convertido num impulsivo e intolerante, sela a previsão anunciada.

Sabe-se que a entrada de um novo símbolo na consciência atordoa e causa confusão. Édipo, naquele momento, estava em contato com o maior dos questionamentos do campo do humano: a sua identidade. Ela foi questionada, ao mesmo tempo que ele nunca se perguntou sobre seu corpo, sua aparência, seu defeito físico – tão comum e corrente entre crianças expostas. Sua compreensão de si mesmo tinha como via de acesso seu intelecto; somente no fim da vida, no ápice de sua tragédia, é que irá se contatar com o seu lado material.

Fica claro que a inconsciência é a grande vilã dessa história. Ela vem expressa pela visão nublada desse trecho de seu percurso –de Corinto a Tebas-, e depois se apresentará como a cegueira de Jocasta ao receber o filho de pés inchados sem reconhecê-lo, a insistência de Édipo em resistir às palavras sábias de Tirésias e, por fim, na cegueira concreta no final do mito, que será, a meu ver, sua redenção e possibilidade de saída da maldição. Vemos como, já nessas descrições, é possível assinalar mitemas como a dificuldade de escuta e a cegueira, que se repetem ao longo do relato.

O grande tema da busca de si mesmo faz desse herói um marco e referência na história da consciência da humanidade, mas é preciso que se veja o mito por inteiro. Ao se interromper a história nos castigos autoimputados por Édipo e Jocasta, como faz a psicanálise, fica-se enredado na maldição.

A cegueira literal de Édipo abriu-lhe o caminho para a clarividência. Se antes não atentou para o oráculo, não deu ouvidos a Tirésias, não acurou o olhar para a encruzilhada em que se envolveu, agora terá que desenvolver seu tato e contar com a escuridão como guia. Essa é a condição para a sabedoria: perpassar as sombras. Ao acompanharmos Édipo até seu fim, vemos que mais do que simplesmente a maldição da morte anunciada cumpriu-se. Com a visão voltada para dentro, nosso herói deixa-se guiar pelas mãos da filha Antígona e escolhe o lugar de sua morte e sepultamento. Sabe de sua nova condição e se humaniza. O adulto *puer* intolerante e incapaz de olhar e considerar o outro, presa inconsciente da encruzilhada do destino, mostra-se transformado, encarnando uma figura de velho sábio. **Ser consciente do vaticínio nos dá a condição de escolha, e nos faz sair da maldição.** Na tragédia de Édipo, isso só se deu depois de ele se fazer cego concretamente e poder passar a enxergar com os olhos da alma. Isso parece confirmar as palavras de Sêneca, de que é preciso *conhecer* a tragédia, *para não ser* a tragédia.

Além disso, é possível levar-se em conta que Édipo, ao aceitar seu destino e deprimir frente à sua própria tragédia, entra em contato com sua função inferior[114], o sentimento, e deixa-se conduzir pela filha-irmã, uma figura de *anima*, que traz a possibilidade de ligação com o masculino numa condição muito mais sofisticada e profunda do que a vivida na sua relação com a mãe-amante Jocasta. Sai do universo materno para adentrar no universo do par. Vemos, assim, a função inferior no seu importantíssimo papel como uma função oracular.

Se observarmos os heróis pós-patriarcais históricos como Cristo ou Buda, ou mesmo heróis lendários que desenvolveram características pós-patriarcais em seus percursos, como Guilgamesh e Parsifal[115], notamos que também ali o destino foi cumprido. E qual é esse destino? Não é outro que não o de ser o que se é. Nos quatro exemplos levantados, a consciência reflexiva foi elemento fundamental de compreensão da resposta ao enigma apolíneo "Conhece-te": "que és uma pessoa humana"[116].

VOLTAR ATRÁS

Outro destino do humano, que se deslinda na tragédia *Antígona* de Sófocles – prosseguimento de Édipo Rei – é a possibilidade de **voltar atrás**,

---

[114] C. G. Jung chamou atenção para diferentes tipos psicológicos constituídos por funções psíquicas e atitudes distintas. Para a descrição dos tipos, recomenda-se consultar o volume VI das Obras Completas, Tipos Psicológicos, editora Vozes.

[115] Ver BAPTISTA, S. M. S. *O Arquétipo do caminho – Guilgamesh e Parsifal de mãos dadas*. São Paulo: Casa do Psicólogo, 2008.

[116] KERÉNYI, K.; HILLMAN, J. *Édipo e Variações*. Petrópolis: Vozes, 1995. p. 20.

benefício que não é dado aos deuses. A meu ver, esse é um daqueles detalhes que, muitas vezes, nos passam desapercebidos, apesar de trazerem em seu bojo ouro puro. Voltar atrás, perceber-se enganado, dar-se conta tardiamente de um erro, de uma ignorância, e agir no sentido de ir em direção àquilo que deve ser feito, é também cumprir o destino de ser o que se é. Creonte seguiu tardiamente os conselhos de Corifeu (essa figura do Coro das tragédias que condensa as vozes coletivas e aponta verdades ao herói trágico) e correu para soltar Antígona, após tê-la condenado à morte injustamente. Chega a dizer a Corifeu, ao dar-se conta do erro cometido: "Agora penso que é melhor chegar ao fim da vida obedecendo às leis inabaláveis"[117]. Admite, assim, render-se ao destino; ao destino humano que pressupõe a escuta cuidadosa do que aí está, abrindo a porta de acesso à possibilidade de se rever, de retroagir, de repensar e recompor, de retomar enfim o caminho em direção à individuação. No seu caso, o adiamento e a demora tiveram consequências funestas, e o que se concretizou foi deveras a maldição.

CONCLUSÃO

Nos nossos consultórios, esse é o nosso exercício diário. Cabe a nós, analistas, muitas vezes funcionando como oráculos, vaticinar o caminho neurótico. Entretanto, na condição de humanos que carregamos, podemos e devemos auxiliar aquele que nos procura com a angústia de um consulente de Delfos, a sair da maldição e transformá-la em destino, incluindo nesse âmbito o livre-arbítrio. Assim, se o oráculo revela uma verdade divina, ele sempre se cumpre, ou urge cumprir. No caso da inconsciência concorrer para esse caminho, ele se cumprirá tal qual uma maldição. Se pudermos desenvolver em nós a **consciência reflexiva**, ou como gosto de pensá-la, **hermética** – tal como o deus do movimento, capaz de unir os três mundos – Olimpo, Terra e Ínferos –, bem como participar das transmutações alquímicas –, nós estaremos saindo da condição de vítimas do destino para cumprirmos não a maldição, porém o destino humano da individuação. O que nos capacita a fazê-lo de uma forma mais integrada e completa é, sem dúvida, um funcionamento psíquico dentro de uma dimensão de alteridade, onde o outro – dentro e fora de mim – é visto, respeitado e acolhido como promotor de mudanças.

---

[117] SÓFOCLES. *A Trilogia Tebana*. Tradução de Mário da Gama Kury. Rio de Janeiro: Jorge Zahar, 2004. p. 249.

Voltando à imagem das muitas bolas de basquete pingando na quadra à nossa frente, é nosso destino eleger uma dentre tantas. Exercer o livre-arbítrio é pegar uma delas. Escolha a sua!

REFERÊNCIAS

BAPTISTA, S. M. S. *O arquétipo do caminho – Guilgamesh e Parsifal de mãos dadas*. São Paulo: Casa do psicólogo, 2008.

BRANDÃO, J. *Dicionário Mítico-Etimológico*. Petrópolis: Vozes, 2001.

HILLMAN, J. *Código do Ser*. Rio de Janeiro: Objetiva, 1997.

KERÉNYI, K.; HILLMAN, J. *Édipo e Variações*. Petrópolis: Vozes, 1995.

SÓFOCLES. *A Trilogia Tebana*. Tradução de Mário da Gama Kury. Rio de Janeiro: Jorge Zahar, 2004.

11

A PALAVRA, A CANÇÃO E A IMAGEM
O MALANDRO E A FIDELIDADE NO ENCONTRO DE JORGE AMADO COM JUNG
(2014)

PALAVRA, CANÇÃO E IMAGEM

No ano de 2012, foi relembrado o centenário de Jorge Amado, o que me fez debruçar novamente sobre sua obra e reencontrar ali todo um manancial de personagens tão familiares e queridos. No encontro da psicologia com a arte, vi uma oportunidade de falar da psicologia analítica de C. G. Jung e da prosa poética de Amado. Há, nessa situação, um desafio: conciliar dois universos distintos, perscrutar pontos de contato, tentar responder se Bahia com Suíça dá samba.

Todos sabemos como as obras literárias prestam-se a inúmeras leituras com os óculos da Psicologia, e nos é tentador adentrar essa seara, uma vez que ali podemos nos esbaldar em viagens do imaginário. No entanto há que se levar em conta os perigos dessas aventuras pelo pensamento, entre eles, de não chegar a lugar algum. O mais difícil, portanto, não é encontrar as convergências das ideias ou dos sentidos, mas, antes, fazer que com eles possamos fertilizar nosso trajeto em alguma medida, importando um pouco da leveza e da poesia do mestre baiano, aliados à sabedoria e à arte do nosso mestre suíço. Espero poder contribuir, nessa empreitada, com o meu olhar.

Meu desejo foi o de caminhar acompanhada por esses dois mentores amados – os trocadilhos são inevitáveis –, observar alguns mitologemas apresentando-se e de que forma conversaríamos com eles; como se estivéssemos numa peregrinação, andando os três pela mesma estrada hipotética. Logo que pus, ou pusemos, o pé na estrada, outro personagem surgiu. Impossível evitar a associação de Jorge Amado com a figura tão baiana e brasileira de Dorival Caymmi (cujo centenário de nascimento deu-se em abril de 2014). Ninguém, em tempo algum, escreveu e descreveu melhor a Bahia do que Amado; e, ao seu lado, ninguém jamais cantou melhor a mesma encantadora Bahia do que Caymmi. Para minha surpresa, quando fui ler sobre a biografia de Amado, topei com o fato de os dois terem composto, juntos, uma canção de nome *Cantiga de cego*, parte da trilha sonora de *Terras do sem-fim*, obra de Jorge Amado de 1943, adaptada em 1981 por Walter George Durst para a TV Globo, com direção de Herval Rossano. Antes disso, em 1939, compôs com Caymmi e Carlos Lacerda a serenata *Beijos pela noite*. Mais tarde, em 1958, outra parceria, no disco *Canto de amor à Bahia e quatro acalantos de Gabriela, cravo e canela*, com leituras de Jorge Amado e música de Caymmi.

Se o nome traz em si a semente da identidade, Amado confirma o dito. Esse homem conquistou o coração de todos com quem teve contato. Quando de sua morte, fez chorar inúmeros amigos, gente do povo e das elites, literatos e analfabetos, baianos, paulistanos, brasileiros e parisienses, homens e mulheres que se viram descritos em seus textos ou simplesmente o acompanharam em suas aventuras imaginárias.

Peço licença e cito literalmente um pequeno excerto de um artigo que João Ubaldo Ribeiro escreveu em seguida à morte de seu amigo, e cuja associação com o cantor e poeta Caymmi também ocorre. Ninguém como o escritor e conterrâneo falaria melhor e de maneira mais direta à alma, da dor e da dimensão da perda dessa figura tão marcante.

> Quem mais, senão um gênio teria criado toda uma nação, teria dado forma, expressão e identidade a uma terra e uma cultura como a Bahia, assim legando aos baianos e aos brasileiros em geral, pois a Bahia pertence a todos os brasileiros, um patrimônio inestimável? A Bahia não pode ser compreendida — e, por via de consequência, o Brasil não pode ser inteiramente compreendido — sem Jorge Amado e Dorival Caymmi, esse outro gênio de quem só podemos também ter orgulho. Dois fortíssimos pilares da cultura nacional residem na obra deles e, agora que eles já abriram caminho, tudo parece fácil e até óbvio. É como na história de um ignorante que foi assistir a uma apresentação de "Hamlet" e depois comentou decepcio-

nado, que não passava de um apanhado de lugares-comuns: ser ou não ser, eis a questão; o resto é silêncio; há algo de podre no Reino da Dinamarca; há mais coisas entre o céu e a terra do que supõe sua filosofia; e assim por diante. A Bahia desabrochou sob as mãos de artesãos amorosos e de insuperável sensibilidade, como Jorge e Caymmi. Pela primeira vez os negros, os pobres, os humildes, os marginalizados foram trazidos maciçamente, através de uma singularíssima empatia e uma riqueza narrativa incomparável, para o proscênio das nossas artes — e nunca mais a cultura nacional foi a mesma. Nós aprendemos a nos menosprezar e vivemos treinando isso o tempo todo. Há quem não veja, quem não consiga quase glandularmente não ver, que Jorge Amado não foi um dos mais importantes escritores do Brasil, mas um dos maiores autores do século, sob todos os títulos, a começar pelo fato de que, para o mundo culto e, de certa forma, para o grande público de muitos países, praticamente encarnava o Brasil e bem poucos escritores podem aspirar a esse tipo de galardão. Ele, com altivez e dignidade, nos representava, era como um símbolo da afirmação nacional, era o nosso escritor.[118]

Entretanto eis que surge nos acompanhando, sem pedir licença, outro amigo que insistia em ser inconcebível ficar de fora: Hector Julio Páride Bernabó, ou Carybé. Esse, argentino de nascimento, mas brasileiro de alma, com cujo traço eternizou paisagens e personagens do universo de Amado com suas ilustrações, emprestou seu olhar plástico para cunhar o símbolo da Fundação Casa de Jorge Amado em 1987: um Exu! Não poderia ser outro: aquele que abre os caminhos, o Hermes do candomblé, um *trickster* por excelência. Com esse símbolo gravado em todas as primeiras páginas de suas obras, Jorge Amado vai desbravando os caminhos da alma brasileira, fazendo entrar nas casas e nas mentes a sua palavra de paciência e generosidade, marcas de seu temperamento, segundo o amigo João Ubaldo, bem como a sua forma brejeira e marota de pensar e expressar, devolvendo, ou mesmo dando ao homem e à mulher brasileiros um status de autorrespeito. Amado, Caymmi e Carybé, todos, dois da terra e um de além-mar, cantam em uníssono as belezas da brasilidade, vistas e vividas na realidade baiana.

Sua obra é vastíssima: são mais de 30 livros, entre romances, novelas e contos, traduzidos em mais de 48 idiomas e publicados em 52 nações.

---

[118] RIBEIRO, J. U. *Jornal O Globo*, 12 ago. 2001.

Segundo dados extraídos de livros do autor, portais da Internet, livros e revistas e, em especial, os Cadernos de Literatura Brasileira publicados pelo Instituto Moreira Salles, na Fundação Casa de Jorge Amado, existem registros oficiais de traduções de obras do escritor para os seguintes idiomas: azerbaidjano, albanês, alemão, árabe, armênio, búlgaro, catalão, chinês, coreano, croata, dinamarquês, eslovaco, esloveno, espanhol, esperanto, estoniano, finlandês, francês, galego, georgiano, grego, guarani, hebraico, holandês, húngaro, iídiche, inglês, islandês, italiano, japonês, letão, lituano, macedônio, moldávio, mongol, norueguês, persa, polonês, romeno, russo, sérvio, sueco, tailandês, tcheco, turco, turcumênio, ucraniano e vietnamita.

O MALANDRO

É hora de pedir licença aos deuses e jogar a luz da Psicologia Analítica em um dos tipos que Amado trata de descrever e dar voz em muitos de seus trabalhos: a figura do excluído no seu ângulo de malandro. Em sua fase engajada, comunista militante, que foi até o fim da década de 1950, deu à figura do pequeno herói marginal um sabor harmonizado com seus ideais de igualdade e justiça social – diferente do que ganha após essa época, quando se deixa mergulhar no sincretismo e na sensualidade da cultura, cravados em nossa memória nas personagens de Vadinho, Gabriela, Tieta e tantas outras inesquecíveis. Escolhi duas obras, de momentos distintos, nas quais essas figuras surgem com força: *Capitães da areia* (1937)[119] e *A morte e a morte de Quincas Berro Dágua* (1961)[120].

Capitães da areia talvez tenha sido um livro que todos nós tenhamos lido em algum momento de nossas vidas, mais possivelmente na escola. Há pouco, quando buscava na estante meu antigo e puído exemplar, soube ser ele um dos livros indicados à leitura no currículo escolar do ensino fundamental. Alegrei-me em saber que ele sobrevivera às gerações midiáticas e fizera valer a joia rara que é. Lê-lo nos dias atuais, uma vez mais, encheu-me de alegria e terror. Quanta poesia e lirismo derramado por Jorge Amado naquelas páginas, entrando fundo na alma da criança e da sociedade brasileira. Com que beleza e doçura fala da exclusão e da esperança! E como

---

[119] AMADO, J. *Capitães da areia*. Rio de Janeiro: Record, 2001.
[120] AMADO, J. *A morte e a morte de Quincas Berro Dágua*. São Paulo: Companhia das Letras, 2008.

todas as injustiças e cruezas daquela realidade ainda permanecem, crônicas, depois de tantos anos!

O olhar para uma infância ameaçada pelo descaso e pobreza traz também, colado a ele, a crença no amanhã. Há nos meninos, pequenos adultos em momentos, e bebês carentes de colo em outros, o desejo do eco e a beleza da pureza. A solidariedade entre os "capitães" é marcante. Formaram entre si a família que não tiveram. O lema é a sobrevivência, mas a lealdade é um valor prezado.

A imagem do *trickster* insinua-se todo tempo nos múltiplos componentes que constituem o grupo. O contexto exige malícia e sabedoria, como dita a lei *tricksteriana*. Uma expressão que encarna o arquétipo do *trickster*, tão cantada por Jung, é o deus grego Hermes. Como se sabe, ele é o deus ladrão e trapaceiro, deus dos viajantes e caminhantes, capaz de transitar pelos três mundos e levar luz às trevas e escuridão à claridade. Une os opostos e traz dali o terceiro elemento, revolucionando o posto. Para mim, a palavra e o conceito que mais definem esse deus e o que ele representa é *movimento*. O *trickster*, na figura de Hermes, movimenta o que tende a estagnar. E Jorge Amado incorpora sua faceta Hermes em duas pontas: numa, na pessoa do escritor, que foi capaz de iniciar seu caminho pela escrita por meio do engajamento político e da crença no socialismo, fazendo da pena seu instrumento de luta. Ao frustrar-se com o rumo que a ideologia tomou no mundo, fez de sua decepção força propulsora para mergulhar na escrita literária, fazendo do lirismo e de sua capacidade descritiva da alma brasileira um presente ao leitor, cujo conteúdo fazia-se tão ou mais político que a anterior militância.

Assim, o escritor-viajante transitou por mundos antagônicos e retirou deles uma síntese ainda mais encantadora. Foi hermético, no sentido mercurial, mítico-alquímico, movimentando o que se desenhava estático. Assumiu outra identidade, e outra e outra: foi romancista, contista, letrista, declamador, novelista... A diversidade hermética de Amado revela, assim, sua capacidade de ser muitos em um.

O outro rosto de Hermes-*trickster* em Jorge Amado, ele o projeta em seus personagens que subvertem a ordem. Aquele que está à margem da sociedade tem algo de precioso a dizer a respeito da sombra. Traz dali uma luz, incômoda muitas vezes, até insuportável. Aos sensíveis, a possibilidade de enxergar o belo no lodo. Segundo Celso Furtado, "Crianças maltrapilhas, mal amadas, mal alimentadas, sem acolhimento ou cuidados, trazem reflexões tocantes".[121]

Jorge Amado dá tal densidade humana aos personagens que nos chama à identificação. E o faz sem querer explicar a sociedade ou julgar injustiças. Seu papel é, antes, segundo o próprio escritor, observar.

E como observa bem! Parece simples, mas como tudo o que é simples, carrega o segredo da vivência e o talento da expressão. Ele próprio é, portanto, um *trickster* que brinca com o leitor.

O CAPITÃO

A genialidade do escritor em *Capitães da areia* começa ao balizar diferentes versões de notícias de jornal, alertando haver muitas e distintas facetas em uma mesma história narrada. Quem conta o fato? Há um desfile de *personas* que julgam e condenam, e o relato da simples costureira que tece suas considerações baseada na vivência. Que reformatório era aquele que espancava e maltratava os meninos? Que sociedade era aquela que rechaçava a própria infância? Aos poucos, como num pequeno e constante movimento de *zoom*, Jorge Amado vai-nos aproximando do humano que habita cada criança e nos apresenta os personagens, apresenta-nos a Pedro Bala. E ali fala desses donos da cidade como sendo aqueles que a amavam verdadeiramente, seus poetas, apesar dos trajes esfarrapados e sujos e dos palavrões agressivos. Como Jung apontaria em sua teoria, a sombra contém o criativo. A realidade rejeitada pelo coletivo como indesejável, encarnada no grupo de adolescentes moradores do trapiche, é também a nossa realidade a ser contatada e trazida à luz. E que nome sugestivo, este do "príncipe dos ladrões": Pedro Bala.

Pedro, em sua raiz é pedra, o elemento que também se liga à figura de Hermes. O deus grego, chamado de Mercúrio na nomenclatura romana, era representado por uma pilha de pedras denominada *herma*, cujo significado se liga ao caráter protetor do deus, que vela pelos viajantes, além da semelhança

---
[121] FURTADO, C. *Cadernos de Literatura Brasileira:* Jorge Amado. Rio de Janeiro: Instituto Moreira Salles, 1997. p. 33.

com o falo ereto e fertilizador. Nosso Exu grego, Hermes, é também, além do já dito, o deus larápio, das trocas e negócios, deus da fala, comunicador, guia das almas até o mundo dos ínferos, companheiro do homem, deus do inesperado, da sorte, das coincidências, e tantos outros atributos que o definem de maneira multifacetada. É a figura psíquica arquetípica do *trickster* embusteiro, que dá nós nos cadarços dos sapatos para cairmos de cara no chão, provocando o riso alheio; o brincalhão que desvirtua, bagunça, tira tudo do lugar propondo uma nova ordem.

Quando diante da ameaça de rejeição por parte do pai, Zeus, Hermes jurou à mãe, Maia, que se faria – vejam só! – príncipe dos ladrões, um expoente no mundo das trevas. Esse será o caminho que Pedro Bala tomará até se reencontrar com a história do pai e sua própria raiz.

O sobrenome de Pedro também chama a atenção: *Bala* é, ao mesmo tempo, a munição da arma que fere e mata e o doce que adoça a boca da criança. As contradições estão postas. O chefe dos Capitães da Areia é uma espécie de Hermes, larápio e malandro, de bom coração, que vive no fio da navalha da agressividade e da doçura. Baiano de cabelos loiros, traz no rosto a cicatriz, que, como todo herói, o diferencia, marca adquirida numa briga fundante da sua condição de chefe. Filho de pai grevista, sonha em trilhar uma vida que tenha um sentido e busca isso sem ter quem o oriente. É o próprio herói que se faz a si mesmo.

Nas docas, tem devolvida a si sua história, da qual conhecia apenas boatos. A negra Luisa e o estivador João Adão – simbolicamente a luz e o primeiro homem – servem-lhe como uma espécie de padrinhos ao lhe contarem sobre seu pai, o Loiro, morto por uma bala em um dia de greve. Ao saber de sua origem, Pedro nasce uma segunda vez, como ocorre com os heróis. Passa a ter uma história. Sua imaginação fica povoada de possibilidades de um passado não vivido, mas agora passível de ser idealizado, bem como de um futuro que apontava para um sonho: ser grevista como o pai, embora nem soubesse bem o significado disso. O modelo paterno traz-lhe, além da referência faltante, o mundo do pai naquilo que ele representa enquanto ordem, lei, justiça, organização. Se até então Pedro Bala apenas sobrevivia, agora passa a refletir sobre direitos, greve, luta de classes, morte por um ideal. E se coroa chefe dos ladrões; a nova lei do trapiche. Todo um universo se abre a ele. Numa visão da Psicologia Analítica, dir-se-ia que o mundo patriarcal da discriminação entrou nesse panorama, onde antes uma dinâmica matriarcal mais difusa e lunar reinava. Pedro Bala passa a existir como – e talvez porque – alguém que reflete. Numa perspectiva mítica, Atena, a deusa da inteligência, visita-o e inspira.

O livro traz várias situações em que os pares de opostos – certo e errado, bem e mal, pecado e bondade, homem e mulher, justiça divina e justiça social – são colocados em pauta. Dessa forma, Jorge Amado vai nos localizando ao lado de Pedro Bala como leitores reflexivos, em contato com as dualidades da vida. Nada mais junguiano, uma vez que enquanto isso, na Suíça, Jung recebia destaque por sua teoria, que, entre outras coisas, trazia a ideia das oposições compondo a tensão básica da energia psíquica, cujo sentido aponta essencialmente para a consciência e a transcendência. Enquanto o psiquiatra suíço conceitua a psique como uma instância dinâmica, cujos movimentos de oposição e complementaridade são fundamentais para a saúde do indivíduo como um todo, o poeta "poetiza" sobre as contradições da vida, ambos descrevendo com línguas distintas o mesmo homem.

A discussão sobre o destino também entra no panorama. A bexiga e a morte invadem a cidade, e o autor lembra: quem mata não é a doença, mas a instituição destinada a saná-la. Quem é capaz de mudar o destino? O lado politizado do autor afirma certeiro: o destino dos pobres é passível de mudança pelas mãos de João Adão e de Pedro Bala – o estivador batalhador de hoje e a promessa incipiente no chefe dos Capitães.

No mundo dos pequenos homens, a entrada de Dora – rainha do frevo e do maracatu? – no grupo tudo transforma. Amadurece os meninos, que têm nela a possibilidade do encontro com um outro feminino. Projetam em Dora uma mãe; mas Pedro Bala a vê como uma noiva. Vivem um encontro transformador que os faz homem e mulher.

Já estão no início da produção do autor o amor e o respeito pela figura feminina, pela mulher brasileira. Tal fato transborda para sua vida pessoal, como bem sabemos, e abro um pequeno parêntese para citar textualmente as dedicatórias que aparecem nos dois livros aqui considerados, prova viva de tal atitude:

Em *Capitães da areia*, Jorge Amado dedica o livro a sua primeira mulher, Matilde, com as seguintes apaixonantes e apaixonadas palavras:

Matilde:

Jogávamos jogos de prenda.

Andávamos de carro de boi.

Morávamos em casa mal-assombrada.

Conversávamos com moças e mágicos.

Achavas a Bahia imensa e misteriosa.

A poesia deste livro vem de ti.

Em *Quincas Berro Dágua*, já separado de Matilde, e vivendo com Zélia Gattai, sua fiel companheira até a morte, dedica o livro de forma enxuta e lírica:

Para Zélia, na rampa dos saveiros.

São muitos os personagens "da areia", cada qual trazendo um prisma da realidade física e psíquica. Chama-me a atenção, em particular, como contraponto a Pedro Bala, o menino Sem-Pernas. Podemos entender esses dois personagens como duas facetas de um lado sombrio abordadas no texto de Jorge Amado. Pedro Bala traz o lado criativo e estruturante ali contido, enquanto a ferida materna de Sem-Pernas é de tal ordem que fica aprisionado no ressentimento. Como andar com as próprias pernas? Como ter autonomia? Essa criança não teve a oportunidade de ganhar um amor de mãe e um amor de mulher e, quando mais tarde, já em companhia de seus colegas de trapiche, a vida lhe devolveu isso de outra forma, abriu mão de ambos. Não podia confiar em si mesmo e transcender a dor de alma que o feria. Sentia-se um traidor do grupo ao querer algo para si. Não se pensava como alguém. Identificou-se com um cão e não pôde ultrapassar esse lugar.

Pedro Bala toma um rumo pela luta de um ideal, segue a voz do chamado que o convoca a mudar o destino. Sem-Pernas, no entanto, com seu passado torturado, tem um fim trágico; escolhe a morte diante da ameaça de uma nova humilhação, para ele insuportável. São luz e sombra que Jorge Amado coloca lado a lado, convidando-nos a refletir, fazendo de nós cúmplices de suas indignações, responsáveis por nossos Pedros Balas e Sem-Pernas.

A MORTE E A MORTE

Voltemos nossa atenção agora para a outra obra citada. A provocação começa no título: *A morte e a morte de Quincas Berro Dágua*. Como alguém pode ter duas mortes? Jorge Amado joga-nos no campo da mítica, em companhia de Sísifo, Dioniso, Psiquê. Vai além: Quincas funda seu próprio mito. Dissociado em duas vidas divergentes, escolhe a que lhe apraz mais e denuncia, com seu silêncio e presença ululante, as contradições entre as vidas que levou. Tendo sido marido e pai exemplar, mas absolutamente submisso a leis que lhe violentavam a alma, dá seu grito de liberdade e muda sua identidade para não mais se trair. Vai viver sem o paletó e as convenções, priorizando a amizade de quatro companheiros. Com eles encontra a verdadeira relação, o afeto genuíno, desprovido de expectativas e falsidades.

Joaquim desveste-se e vira Quincas. Põe fim ao esforço em manter sua sombra quieta. Na verdade, além dos dois nomes, das duas vidas e das duas mortes, são também dois gritos. O "basta" ao cotidiano enfadonho e sufocante e o grito que o batizou como *Quincas Berro Dágua*, ao perceber que era água, e não cachaça, o que vertera goela abaixo. "Mudou da água para o vinho", dizemos. Para Amado, o herói brasileiro mudou da água para a cachaça. O duplo fica assim marcado em seu percurso.

Com Curió, Pé-de-Vento, Negro Pastinha e Cabo Martim pôde ser ele mesmo até o fim. Estendido morto sobre um catre solitário em um quarto imundo, um furo em sua meia e um sorriso malicioso que não se desprendia de seu semblante revelavam o seu verdadeiro eu, apesar das roupas que lhe cobriram para o enterro. E é esse sorriso que se faz insuportável à filha, torturada pelo abandono, querendo desesperadamente o abraço carinhoso do pai sem nunca ter ousado pedir. As lembranças que lhe invadem a mente denunciam a vida dividida de Joaquim-Quincas: a primeira vez que o viu gargalhar, quando os dois foram ao circo de cavalinhos – o que a espantou, pois não via no pai, no dia a dia, nada próximo daquele desprendimento –, e quando a alegria era da mãe, ao vê-lo homenageado e promovido, ele parecendo, no entanto, desconfortável naquele lugar. Em contrapartida, o afeto corre solto na roda dos amigos verdadeiros, que choram copiosamente a perda de seu parceiro.

A denúncia da divisão que somos vítimas – bem como algozes – em nós mesmos fica escancarada na visão simultaneamente grotesca e divertida de um dedão do pé que insiste em ultrapassar o tecido da meia e se fazer visível. Como deixar o morto travestido de engravatado, como se voltasse arrependido à sua antiga vida, vida abandonada por fidelidade a si? Os amigos, como *daimones,* parecem ter a função de fazer lembrar a alma de Quincas e, consequentemente, dar-lhe o fim merecido. São os únicos a ficar ao seu lado e a chorar sua ausência. São os amigos que o espelham. Numa iniciativa cômica e inacreditável, levam consigo o morto que, aos poucos, parece ir voltando à vida, e à vida antiga de beberrão e boêmio.

A fidelidade aos amigos e à mulher amada são bens maiores; Mestre Manuel esperava-os para uma peixada, e Quitéria estava aflita com sua ausência. Redivivo, participa novamente das situações de que costumava fazer parte, sem que ninguém tenha notado sua primeira morte. E é no mar que ele mergulha para seu derradeiro e definitivo adeus.

Quincas não se traiu. Viajou por dois mundos, das convenções e da *persona* estática, e dos afetos e amizades espontâneas, para finalmente voltar ao mar. Personagem viajante e brincalhão, aponta-nos um ângulo em nós, brasileiros, a ser acolhido e valorizado. O *trickster* tupiniquim, se assim me permite o leitor, tem a cara de Quincas.

O FIEL

Vejo, nos dois livros aqui lembrados, um elo comum apesar do tempo que os separa (24 anos) e, juntamente com isso, os diferentes percursos que fez Jorge Amado durante sua vida, mas mantendo-se, como ele próprio afirmou, sempre dentro de uma mesma rota: a questão da **fidelidade** às relações e a si mesmo. Tanto Pedro Bala quanto Quincas são personagens extremamente fiéis aos amigos. Suas ações são balizadas pelo vínculo afetivo contido na amizade. Ao lado disso, a fidelidade a si mesmo está em ambos, mas deliciosamente descrita de forma mais explícita em *Quincas*, que faz um contraponto com Vanda, a filha aviltada com a coragem do pai que ela jamais conseguiu alcançar, e certamente desejava em silêncio. Se Quincas tem quatro amigos companheiros de vida e morte, são também quatro os familiares a velá-lo em seu derradeiro momento. Ao lado de Vanda, o genro Leonardo e os irmãos Eduardo e Marocas formavam um quadro de tudo o que Quincas mais odiara em sua primeira vida: as convenções e as falsas relações. Num jogo de oposições, Jorge Amado constrói as dissociações da alma.

Quando olhamos a posteriori a história de vida de alguém, vemos que há ali um fio condutor alinhavando os momentos e as passagens, dando àquele trajeto um sentido, uma direção. Os artistas nos dão o privilégio de observar isso quando a eles são dedicadas as retrospectivas. É um prazer perceber a semente principiante que vai, passo a passo, desenvolvendo-se e fazendo brotar uma grande e forte árvore. Jung não se cansava de repetir sobre a existência de um mito pessoal a ser olhado, desembrulhado, descoberto e experimentado em sua plenitude. Daí sua aversão à ideia de seguidores e ditos "junguianos", uma vez que pregava ser cada caminho, um caminho singular. A questão da fidelidade se insere aí. Ao invés de um séquito de admiradores fiéis ao mestre concreto, a exortação à atenção ao mestre interno, pessoal, ao *Self*.

Ao longo de toda a obra de Amado, surge o duplo em seus personagens e com ele, a dissociação, a traição, a necessidade de ser fiel a si mesmo. Pedro Bala foi fiel ao seu projeto de transformar seu destino e o de milhares de pobres, atendendo ao chamado da revolução. Não se desvia de sua rota e segue sua alma. O mesmo acontece com Quincas, que, depois de ir viver sua verdadeira vida, escolhe o próprio fim. Jorge Amado prepara-nos para o inusitado, colocando no início do livro a seguinte frase, recheada de otimismo e perspicácia hermética:

Cada qual cuide de seu enterro, impossível não há.

(Frase derradeira de Quincas Berro Dágua segundo Quitéria, que estava a seu lado.)

CONSIDERAÇÕES FINAIS

Como já disse anteriormente, a *Cantiga de cego*, escrita com Dorival Caymmi, data de 1943. Transcrevo-a em seguida para que possamos ver o quanto o tema da fidelidade também está ali gravado, tanto em seu conteúdo, quanto na canção em si, fazendo parte de um conjunto coerente no caminho de Jorge Amado, com o que foi levantado até aqui.

Cantiga de cego

Quando o dia inteiro amanhece
E depois de uma lua cheia
O assombrado cego aparece
A viola logo ponteia

O assombrado cego Benedito
Desponta e assusta a passarada
Vingando a luz que falta aos olhos
No riso louco que propaga

– Eh, mô fio
Eu te enxergo com o coração

– Bom dia, cego Benedito.
– Bom dia, fio.
– Cego Benedito, eu tô pensando em ir embora pra outras terras e queria saber se tu acha certo.
– E que que tu qué que eu responda, fiô?
– O que tu achar que é direito.
– E é direito não deixar que se erre pra que se aprenda?
E é direito deixar que se erre e se arrependa sem se aconselho?
Eu não atino o que é direito por isso não respondo.
– Mas eu quero teu conselho. Se fosse eu o que é que tu faria?
– Perguntaria a um cego amigo o que fazer.
– E o que este cego te responderia?
– Exatamente o que acabei de responder, fiô.
– Mas, se tu ainda fosse eu, e o cego respondesse exatamente o que acabou de responder?
– Desistia de perguntar, e aí fiô, eu pensava que realmente o que se quer saber, não se pergunta; arranca do seio da terra até sentir o cheiro.
Se te agrada, fiô. Se te espanta vá. Mas não arranque essa cabeça do ombro pensando que assim vai ver mais alto. Não arrede essa perna do tronco pensando em chegar mais cedo, e não procure distante o que já tem do teu lado.

Antes de mais nada, uma palavra sobre a figura do cego cantor e vidente. Esse personagem, presente na literatura universal, é aquele poupado nas guerras e massacres para fazer perdurar oralmente a história vivida. Vê com os olhos da alma e canta o que testemunhou. Como um oráculo, também antevê o desenlace dos fatos. É a ele dedicada essa cantiga.

No primeiro verso, a oposição é pontuada pelo dia amanhecendo e a lua cheia ainda no céu. O dia abre-se inteiro e tem à sua frente a lua, plena. Nesse encontro, duas luzes distintas: a solar, do pensamento e da visão; e a lunar, da intuição reflexiva. Um momento especial, talvez de passagem, início e fim desenhados. O "assombrado cego" é o trazido à cena, já nos informando que se trata de alguém que falará a partir das sombras. Ao lado disso, a música. O autor prepara-nos para algo que nos tocará o coração, o sentimento. É esse o terreno que adentraremos.

O cego chama-se Benedito, "bem dito", aquele cujas palavras são abençoadas. Dos santos, o negro, o encontro da raça escrava com a fé do colonizador cristão. A aparição do cego causa movimento. O riso louco nos faz lembrar o *trickster* e anuncia uma revelação.

O consulente quer saber se parte ou se fica; o que é certo? O oráculo sabiamente devolve-lhe a pergunta e o vai conduzindo a refletir o que é direito para ele. Como acertar a escolha sem se permitir errar? Mas, também, como ver o errante sem lhe ofertar um palpite? Devolve-lhe o paradoxo. De uma forma marota, o cego Benedito escapa do conselho, como fazem os analistas diante da ansiedade do paciente com sua pergunta angustiada: "Para a direita ou para a esquerda? Para onde devo seguir?". "Eu perguntaria a um cego amigo", ele diz finalmente, entregando ao consulente três pequenas pérolas: A resposta vem do coração. Ela é fruto de uma reflexão que vem das entranhas. Não é de serventia buscar solução no pensar, andando por aí desmembrado, com a cabeça desgrudada do pescoço. Nem tampouco adianta dar passos maiores do que as pernas, como quem quer apressar o rio. É também inútil fazer a busca sem levar em conta aquilo que está mais próximo. Talvez a resposta esteja logo ali. Sem dizer o que fazer, o cego diz o que não fazer; aponta para os perigos do trajeto orientando a atitude adequada, deixando que quem pergunte dê sua própria resposta.

Dessa forma, o cego Benedito canta sua sabedoria. Ansiamos por saber qual o caminho correto a seguir, porém a resposta está em nós, dentro de nós, ao nordeste do corpo, onde se aninha o coração. É preciso estar inteiro, respeitar o ritmo das coisas e observar-se.

A figura do malandro encarnado em Pedro Bala e em Quincas expressa o *trickster* em Jorge Amado, o deus Hermes em nós, a energia arquetípica que nos coloca em movimento. Jung nos ensinou a ter olhos atentos para perceber as expressões do universal no que temos de humano e singular. O estrangeiro suíço, bem como o argentino Carybé, unidos na virtualidade de um tempo quântico ao escritor e ao músico-poeta baianos, auxiliam-nos a nos aceitarmos em nossos paradoxos e alteridades e a sermos fiéis aos nossos *daimones*. E, assim, as múltiplas facetas de Jorge Amado (Pedro Bala, Sem-Pernas, Quincas, Vanda, Negro Pastinha, Curió, Pé-de-Vento, Cabo Martim, Dora, Tia Marocas, Quitéria e tantos outros) apontam-nos para nós mesmos e nos levam a amar com mais paixão a nossa brasilidade, como quem a arranca do seio da terra e sente seu cheiro.

REFERÊNCIAS

AMADO, J. *Capitães da areia*. Rio de Janeiro: Record, 2001.

AMADO, J. *A morte e a morte de Quincas Berro Dágua*. São Paulo: Companhia das Letras, 2008.

AMADO, J.; CAYMMI, D. *Beijos pela noite*, 1939. Disponível em: <http://www.youtube.com/watch?v=lbI8nTCLahg>. Acesso em: jun. 2014.

FURTADO, C. *Cadernos de Literatura Brasileira:* Jorge Amado. Rio de Janeiro: Instituto Moreira Salles, 1997.

RIBEIRO, J. U. *Jornal O Globo*, 12 ago. 2001.

12

OS ABUSOS PSÍQUICOS, A INVEJA E A CRIATIVIDADE: O QUE A DEUSA ATENA TEM A NOS ENSINAR (2015)

INTRODUÇÃO

Alice Miller, filósofa, psicóloga e socióloga, traz em seu último livro, a *Revolta do Corpo*[122], exemplos tirados das biografias de grandes escritores e artistas do quanto as situações abusivas vividas pela criança ficam marcadas em seu corpo, e no caso, em suas produções. Seus ensinamentos têm me inspirado a refletir e a buscar resgatar essas memórias e auxiliar a criança que há nos adultos que procuram a análise a se libertar do quarto mandamento ("Honrarás pai e mãe"), de uma hipocrisia intrínseca, da culpa. A partir da atividade clínica, tenho percebido, com mais nitidez, a perda da criatividade e o embotamento do sentimento, fatos também denunciados pela autora quando ressalta a existência de uma cultura do medo e do que ela chama de uma *pedagogia negra*.

Como estudiosa de Mitologia Grega, busquei nessa fonte paralelos nos quais o mito pudesse elucidar pontos e nos guiar em relação a esse tema. Encontrei em Atena e nos aspectos ligados à inveja, presentes nos mitologemas desta divindade, importantes reflexões. Como tenho feito ao longo de anos, busco aproximar a compreensão das expressões psíquicas com a sabedoria da mítica grega, por meio da leitura simbólica desse universo.

A lucidez em relação ao relato mítico, unida ao testemunho sincero e destemido do relato do paciente mostram uma potência fundamental na

---

[122] MILLER, A. *A revolta do corpo*. São Paulo: Martins Fontes, 2011.

escuta analítica. A inveja, o medo e a criatividade constituem um campo de contradições e desafios. Do mesmo modo, o mito sempre revela e, igualmente, traz possibilidades de imaginar, e com isso, criar novos caminhos.

TRAGÉDIA

Na tragédia *Eumênides*[123], de Ésquilo, após o julgamento de Orestes, ocorre algo de muito significativo que chamou minha atenção. Como sabemos, Orestes cometeu o crime do matricídio, matando Clitemnestra que, por sua vez, havia matado Agamêmnon, mancomunada com o amante Egisto, primo e inimigo do rei de Micenas. É justo que se mencione que esse casamento começou de forma violenta, com Agamêmnon assassinando Tântalo II, marido de Clitemnestra, e seu filho recém-nascido, para então fazê-la sua esposa. Na passagem da guerra de Troia, a rainha perde mais uma filha, Ifigênia, sacrificada pelo pai para obter de Ártemis – que o castigara pela morte de um cervo consagrado à deusa – a volta dos sopros dos ventos para que o exército se colocasse novamente a caminho do grande combate. Junito Brandão lembra-nos que, etimologicamente, Clitemnestra significaria "a que se celebrizou por não se esquecer". O destino embrenhado no nome se fez fato. A rainha ressente-se dos dolos sofridos e trama a morte de Agamêmnon, apunhalando o pai de seus filhos assim que ele retorna à casa, findos os 10 anos de guerra. Orestes chega para vingá-lo, envolvendo-se numa complexa rede de mortes.

Até então, Orestes havia crescido longe da mãe e das irmãs Electra e Crisótemis, em Cirra, na Fócida, na corte de Estrófio, este casado com Anaxíbia, irmã de Agamêmnon. O casal tinha apenas um filho, Pílades, que dele se tornou um amigo inseparável. Orestes foi protegido por Electra da ira do amante da mãe, Egisto, que teria morto o menino – como era de costume, para evitar uma futura vingança. E é com a irmã Electra, que também foi subjugada e sofreu privações e violências por parte do casal, que Orestes irá arquitetar e realizar o crime de matricídio, ordenado por Apolo.

---

[123] ÉSQUILO. Eumêmides. In: *Oréstia*, Tradução de Mário Gama Kury. Rio de Janeiro: Jorge Zahar, 2003.

FÚRIAS

Ésquilo inicia *Eumênides* com Orestes já tendo realizado o crime e sendo perseguido pelas Erínias – ou Fúrias, no latim. Apolo vem em seu socorro e o orienta a dirigir-se a Atenas, onde institui o primeiro júri e inaugura assim os julgamentos dos crimes realizados daquela data em diante. Entendamos inicialmente quem são as Fúrias e seu papel.

Em número de três, são criaturas nascidas do sangue de Urano vertido em Geia quando de sua castração pelo filho Crono, conforme nos conta Hesíodo em *Teogonia*. São vingadoras do **sangue consaguíneo** derramado e perseguem o criminoso, enlouquecendo-o até mesmo nos Ínferos. São descritas como seres femininos, com tochas nas mãos, às vezes aladas, com cabelos em forma de serpente. Em Homero, eram descritas como uma única criatura, mas com um sentido coletivo, e à medida que o tempo correu e a complexidade de divindades foi aumentando, passaram a ser representadas com maior especificidade: *Aleto* seria a implacável, a incessante, a que persegue empunhando fachos acesos, sem interrupção, trazendo à situação de perturbação um caráter incansável; *Tisífone*, a que avalia e vinga o crime com seu açoite impiedoso e nos dá a dimensão das consequências do ato; *Megera*, a que inveja, a que tem aversão pelo criminoso, grita-lhe no ouvido suas faltas sem parar.[124] A tríade parece evidenciar três aspectos de uma mesma pena que se caracteriza pela nada invejável situação de ser incansavelmente lembrado, aos berros, da falta cometida, de modo que a tocha da consciência arda infinitamente sem dar chance ao criminoso de se afastar do seu ato.

As divindades são filhas de Geia e é com as entranhas que respondem à agressão sentida. O sangue derramado não é apenas o sangue de um indivíduo, mas é de todo um coletivo, um *guénos*. São uma espécie de zeladoras do mais profundo inconsciente, ao mesmo tempo em que fustigam o criminoso com a necessária consciência de seu crime. Simbolizam, neste ato, o impulso vingador de caráter matriarcal, enraizado em um feminino primordial.

---

[124] BRANDÃO, J. S. *Dicionário Mítico-Etimológico*. Petrópolis:Vozes, 2000.

ATENA E A INVEJA

ARACNE

Porém uma questão surge daí: Por que Megera, ou a personificação da inveja, estaria entre essas criaturas? A figura em si da divindade é bastante instigante. Atena, que irá estabelecer um diálogo direto com as Erínias no julgamento de Orestes, teve embates marcantes com outras duas criaturas peçonhentas, uma delas com a cabeça igualmente ornada com serpentes, como geralmente é retratada Megera: Aracne e Medusa. Essas duas figuras míticas provocaram o sentimento invejoso na deusa.

Aracne foi transformada em aranha, após desafiar Atena a um concurso de tapeçaria. A deusa ainda tentou dissuadi-la da *hybris*, ou seja, da arrogância de querer comparar-se a uma divindade; fez-se surgir diante de Aracne disfarçada de anciã e tentou convencê-la a desistir da contenda; mas a tecelã insistiu e assim, sem saber, selou seu destino. Decorou seu trabalho com cenas amorosas dos deuses, especialmente de Zeus, com um primor inigualável. Tal afronta foi demais para a filha do senhor do Olimpo, que destruiu o bordado de Aracne, tão ou mais belo que o seu. Teria a deusa ficado com inveja da mortal por sua capacidade criativa, sua habilidade em uma mesma função, seu talento em tecer (quase) equiparável ao da divina? Segundo Peter Walcot, em um livro todo dedicado ao estudo da inveja e sua relação com os gregos, afirma que estes acreditavam que os homens são naturalmente invejosos, como parte de seu caráter e disposição, e define o sentimento em contraste com o ciúme, como costuma ocorrer. Diz o autor que no ciúme teme-se perder o que se tem, enquanto na inveja sofre-se por ver o outro possuir o que se quer. Acrescenta que são os iguais ou pessoas que têm aproximadamente o mesmo status que se invejam umas às outras. No entanto é também possível observar, a partir do século V a. C., a ideia de *phthonos theon*, ou a inveja dos deuses, presente nas obras de Ésquilo, Heródoto e Píndaro. Enquanto a imitação seria um sinal de admiração, a disputa seria a marca da inveja.

Atena é "filha do pai", uma deusa representante do masculino e que traz como atributo a inteligência, a sabedoria, a capacidade para a ação adequada àquilo que a situação demanda. Walter Otto, quando a descreve, destaca a sua proximidade com os varões, em quem pensa e a quem se associa; mas essa ligação está longe de ser erótica. Aliás, esse é justamente um território em que Atena não transita. Como deusa virgem, o amor erótico não está no seu panorama. Faz-se parceira do masculino, mas para auxiliá-lo nas batalhas heroicas. Uma aproximação fraterna. Teria, portanto, Atena invejado em Aracne a liberdade da mortal em passear pelo campo das relações amorosas com tamanha desenvoltura? Ao bordar os amores de Zeus, a mortal demonstrou capacidade em imaginar o deus supremo em laços inimagináveis para a deusa-filha-do-pai. Aracne discorreu sobre Eros; Atena fez uso do seu poder de divindade e afastou-se da cena, castigando a imprudente.

Ao ver-se confrontada com cenas amorosas de Zeus e outros imortais, faz o trabalho em pedaços e humilha de tal forma a mortal, que esta tenta matar-se. Atena impede-a, transformando-a em aranha e assim aprisionando-a no fazer eterno de teias circulares, numa alusão à repetição infinita que retém o criativo e a faz permanecer atada ao impulso instintivo puramente. Zeus enviou vários personagens ao Tártaro com castigos eternos quando da tentativa de onipotência daqueles mortais, deslembrados de sua condição efêmera. Atena parece ter-se arrogado o direito, como sua representante, a fazer o mesmo com Aracne, uma vez tendo sido atingida no seu ponto sensível.

MEDUSA

Outro episódio em que Atena depara-se com um feminino que lhe provoca uma reação de horror e castigo está na história de Medusa. Roberto Calasso descreve a cena que enfureceu a deusa, novamente tendo como pano de fundo o campo amoroso:

> No pavimento do templo de Atena, Poseidon molhava com saliva marinha o corpo pérola de Medusa, branco na obscuridade. Atena estava sentada em frente, estátua na prisão, obrigada a ver aqueles dois corpos trêmulos enlaçando-se no silêncio do templo. Sentia horror pelo ultraje e, ao mesmo tempo, um penetrante mal-estar, por saber que Medusa se parecia tanto com ela. Então ergueu seu escudo para apagá-

-los, para afastar-se. Foi um gesto que nasceu do mais íntimo de Atena, como para Ártemis o gesto de armar o arco. Ao mesmo tempo que, mais uma vez, Atena se separava de tudo atrás de uma cortina de pele escamosa, os macios cabelos de Medusa, espalhados no chão, começaram a inchar e, nas pontas, já se podia reconhecer igual número de cabeças de serpente.[125]

Podemos pensar nas serpentes na cabeça como simbolizando pensamentos venenosos. Essa deusa, que se comporta como um tipo pensamento extrovertido associado à intuição introvertida, tem no pensamento seu guia no mundo. Vale hipotetizar que o que seria de caráter venenoso para a deusa seria justamente aquilo que ela teria mais dificuldade, aquilo que lhe causaria mais aversão e desconforto, provocando uma reação imediata e terrível. É justamente o que ocorre no encontro com Aracne, e aqui, com Medusa.

Todos conhecem a sequência: Medusa amaldiçoada, a única Górgona mortal entre as três, transforma em pedra todo aquele que dirige seu olhar diretamente a ela. Trata-se de mais um castigo que aprisiona o castigado numa existência solitária e assustadora. Petrifica e paralisa: ações similares ao modo como a deusa sentiu-se ao ver a cena de amor, para ela aversiva. Será preciso a intervenção do herói Perseu, ajudado por Atena, por Hermes e Hades, para que se ponha fim à monstruosidade em que se transfigurou Medusa, tendo como consequência a libertação de Pégaso e Crisaor. Essas duas criaturas, geradas por Poseidon, encontravam-se encerradas no corpo da mãe, reafirmando o mitologema do aprisionamento evidenciado neste mito.

A cabeça ornada de serpentes será incrustada no escudo de Atena, o mesmo com que afastou a cena amorosa do seu olhar. Agora, as serpentes de Medusa afastarão quem se aproximar em demasia com intenções agressivas. Seu escudo continua com a função de proteção, mas transformado pela experiência vivida. Se num primeiro momento a deusa transformou o que invejou em algo asqueroso que impunha um distanciamento, com a ação do herói, ela se aproxima deste aspecto tenebroso e o integra. A deusa auxilia o herói; o herói auxilia a deusa.

---

[125] CALASSO, R. *As núpcias de Cadmo e Harmonia*. São Paulo: Companhia das Letras, 1990. p. 157.

MEGERA

Walter Otto, como já dito, caracteriza Atena como deusa da proximidade – em oposição a Ártemis e Apolo, que são distantes em sua condição de flecheiros. E também a que "nada sabe das ternas delícias do amor"[126], como vimos acima. Além disso, ressalta a importância dos olhos da deusa, sempre citados como penetrantes, agudos, refulgentes, porta de seu espírito sagaz. Enquanto deusa da consciência, representada por uma coruja, "o mais astuto dos animais", enxerga na escuridão. Tal consciência faz-se inimiga da sombra. A proximidade com seus protegidos favorece-lhe a ter intimidade suficiente para gerar no outro a reflexão. São aspectos que a avizinham também da Megera, no sentido de que ambas provocam, ou mais, instigam na pessoa uma lembrança, uma fala com a mente, sendo que Megera para acusar e Atena para alertar e fazer refletir. Megera faz-se, assim, um aspecto sombrio da deusa. Ambas, de formas distintas, favorecem que a consciência se ilumine, saia da escuridão.

Vejamos: com Aracne, teve uma reação de fúria e punição; com Medusa, a mesma ira provocou uma pena, mas junto a isso, a orientação de como sair da situação petrificadora. Com Megera, algo mais criativo ocorrerá.

EUMÊMIDES

O que se passa no diálogo de Atena com as Fúrias, nas Eumênides de Ésquilo, descortina, a meu ver, algo de um valor psíquico inestimável. O embate leva não a um "extermínio do sentimento" ou do conteúdo mobilizado, mas sim a um **realocamento**. As Fúrias, rebatizadas Eumênides, passam a habitar o sopé da colina de Ares, o Areópago. Olhemos para o que significa a mudança de lócus do conteúdo psíquico.

As criaturas, semelhantes às Górgonas e às Hárpias são descritas como de aparência horrorosa, aspecto tenebroso e repelente, com um hálito insuportável, corrimentos pútridos vazando dos olhos e trajes inadequados. São todos aspectos de um primeiro contato que distanciam (em contraste

---

[126] OTTO, W. F. *Os deuses da Grécia*. São Paulo: Odysseus, 2005. p. 46.

com a proximidade causada por Atena): a má aparência, o odor, o olhar contaminado.

> Nascidas para o mal, coube-lhes em partilha
> a treva deletéria do profundo Tártaro,
> criaturas malditas por todos os homens
> e pelos deuses que se reúnem no Olimpo.[127]

O deus que primeiramente entrará num embate com as Fúrias na tragédia será Apolo, simbolizando o novo versus o velho, a justiça de caráter patriarcal apolínea versus a justiça matriarcal primordial, o julgador versus o vingador. As Erínias são inflexíveis e implacáveis contra quem tem sangue nas mãos. São protetoras dos mortos e cobram a dívida de sangue; são lentas no pensar e decididas no executar e não esquecem os crimes praticados. Apolo é igualmente inflexível na ação, mas, de modo patriarcal e rápido, como suas flechas. É o deus solar que propõe o novo, enquanto as Erínias zelam pela tradição. Representam o polo *senex* do arquétipo da punição ou do destino trágico. Desejam evitar que divindades novas tenham que arcar com essa obrigação da vingança. O grande temor de uma divindade é perder seu **lugar** de entidade venerada. Isso é literalmente o fim. Mesmo odiadas, essas temíveis entidades recebem honrarias.

Há que se lembrar que as Erínias são fruto do sangue de Urano vertido sobre a terra – Geia. Vingam, portanto, a repetição de sua origem. Nem mesmo os deuses afastam-nas de seu dever.

Atena, ao chegar ao local onde se encontrava Orestes, não reconhece as Fúrias, mas tampouco as julga. Caso possamos pensar na tríade como aspectos sombrios da energia arquetípica expressa na deusa, nesse momento, ela está inconsciente a isso. Na tragédia, segue-se uma linda exposição da persuasão e sabedoria da deusa em dirigir uma conversação. Sua primeira questão é trazer à tona o contexto do ocorrido. Em que circunstâncias, o crime? Orestes foi forçado ou tinha medo? Para a dinâmica matriarcal pouco importa a razão; o crime é *per si* passível de vingança. E esta deve recair sobre o criminoso. Porém, se algo acontecer que as impeça disso, o mesmo ódio será desviado para a terra, para as mulheres, para a natureza, causando

---

[127] ÉSQUILO, 2003, v. 102-105, p. 150.

infertilidade –sangue na terra. Quando a divindade não é atendida no seu justo pedido, sua ira transborda para um aspecto sombrio.

As Erínias inquietam-se frente à possibilidade de uma subversão às leis antigas por novas leis, temendo que os filhos ficassem justificados e isentos de culpa, e mais, livres para ferir os pais. Estamos no campo da obediência dos filhos ao poder paterno. Nos versos 711-713, o Coro nas Eumênides afirma:

> Então, elevem-se acima de tudo
>
> o respeito sempre devido aos pais
>
> e a hospitalidade a quem pede.[128]

Vemos aqui o respeito aos pais equiparado à hospitalidade. Creio que há uma mistura importante a se discriminar. O respeito aos pais, acima de tudo, é exatamente o quarto mandamento criticado por Alice Miller. Ele faz parte de uma dinâmica patriarcal autoritária que não leva em conta a pessoa, mas sim a sua posição hierárquica no conjunto. Exime o poderoso da responsabilidade de atos abusivos, pela sua simples colocação no grupo. No entanto a hospitalidade é uma prática que envolve uma dinâmica de alteridade, de acolhimento do estrangeiro, seja ele quem for. O grego foi culturalmente instruído a receber quem lhe pedia abrigo, ofertando-lhe pousada e comida para, apenas no dia seguinte, depois de o hóspede, alimentado e descansado, perguntar quem seria aquele que o procurava. De uma outra perspectiva, esse tempo dedicado ao acolhimento do outro de fora, dava ao grego a oportunidade de tentar apurar que divindade habitava aquela pessoa e como recebê-la, honrando-a, em sua casa. É uma situação que, *per si,* demanda uma abertura para o novo que pode estar a se insinuar no visitante.

Ao priorizar o respeito incondicional aos pais, o que está em jogo é a consanguinidade como afeto incontestado. As Fúrias não perseguiram Clitemnestra quando esta matou Agamêmnon, pois o grau de parentesco não existia. O mesmo ocorreu quando Agamêmnon matou Tântalo II e seu filho para possuí-la. Alice Miller pergunta: Como honrar um pai assassino? Como honrar uma mãe abandonadora? Como considerar "amor" um vínculo que inclui maus tratos?

---
[128] Ibidem, p. 171.

Parece que esta questão aplica-se ao quadro aqui levantado. Temos na Oréstia, Agamêmnon matando o marido e o filho de Clitemnestra, mais tarde matando a mando de Ártemis a filha do casal, Ifigênia, a esposa matando o marido, e o filho, Orestes, matando o padrasto e a mãe. Há um morticínio em grande escala. Miller afirma que, enquanto as dores das feridas forem negadas, a pessoa pagará com a saúde (ou seus filhos). Esse fato é também visível em nossos consultórios: filhos vivendo questões mal resolvidas de seus pais, repetindo dramas, reencenando aflições. Diz a autora:

> O caminho para se tornar adulto não passa pela tolerância com as crueldades sofridas, mas pelo reconhecimento da própria verdade e pelo aumento da empatia em relação à criança mal tratada. Ele está na percepção de como os maus-tratos dificultaram toda a vida do adulto, de como muitas possibilidades foram destruídas e de como muito dessa miséria foi transmitida para a geração posterior.[129]

A exploração do contexto em que o paciente cresceu é de suma importância. Há que se levar em conta que a consanguinidade é circunstancial. O que deveria ser considerado significativo é o contexto, os abusos e suas consequências. A entrada de Atena no cenário do julgamento introduz esse aspecto. Orestes é um abusado psíquico. Ainda pequenino, esteve presente no sacrifício de Ifigênia, e foi afastado da mãe, ambivalente e ferida, sob a ameaça implícita de ser morto pelo padrasto.

REALOCAMENTO

Esse termo nomeia o ato de encontrar um novo lugar para algo já destinado a um determinado lócus. Utilizo-o para indicar esse movimento psíquico de redirecionamento ou recolocação do conteúdo traumático ou doloroso, processo pelo qual encontramos um novo lugar interno após um trabalho de elaboração da dor, acompanhado da aquisição de uma nova identidade.

Na tragédia *Eumênides*[130], Ésquilo oferece-nos material para compreensão simbólica dessa arquitetura. Nos versos 842-846, em que o Corifeu dialoga com Apolo, o primeiro diz:

---

[129] MILLER, 2011, p. 137-138.
[130] ÉSQUILO, 2003, p. 177.

> Levando em consideração tuas palavras,
> Zeus tem especial estima pelos pais;
> ele, porém, acorrentou seu próprio pai,
> o antigo Cronos; como conciliarás
> tua argumentação com a conduta dele?

A esse propósito, escrevi o texto de título *Ex-mãe, ex-pai, ex-filho: a data de validade das relações* refletindo, entre outras coisas, sobre o abuso psíquico e a diferença de qualidade entre as relações afetivas de caráter consanguíneo e as escolhidas ao longo da vida. Destaco um pequeno trecho:

> Somente em Zeus há uma transformação. Tendo sido criado longe da figura devoradora do pai, Zeus pôde realizar tanto a salvação dos irmãos aprisionados, quanto a condução do pai, na velhice, a um sítio de bem-aventurança. Penso que a condição que permitiu Zeus deslocar o pai de lugar, ao invés de vingar-se ou destruí-lo simplesmente, teria sido a sua capacidade de desenvolver outros laços saudáveis com figuras significativas, além do suporte da mãe Reia e do contato empático com seus cinco irmãos e suas respectivas qualidades.

> Zeus terá como epíteto polieús, que quer dizer "protetor da família e da pólis", representante do arquétipo do chefe de família patriarcal (Brandão, 1994). Eu acrescentaria que encontramos também nessa figura o regente maior, capaz de efetivar a passagem do poder reinante a seu filho divino, Dioniso, rompendo com o ciclo de devoramento de filhos do pai Crono e do avô Urano – este por meio de Geia.[131]

Também, ainda a respeito da questão espacial-simbólica da dor psíquica, ao tratar da tragédia *Filoctetes*, de Sófocles, vi a possibilidade de abordar o tema pelo viés da condição de vítima. Convido-os a ler as ideias ali colocadas e ressalto o que segue:

> O redirecionamento dessa energia para o lugar "correto", onde ela é carecida, será capaz de findar o embate, bem como curar a identidade ferida do herói, além de sua ferida

---

[131] BAPTISTA, S. M. S. Ex-mãe, ex-pai, ex-filho: a data de validade das relações. *Junguiana*. São Paulo, n. 30/1, 2012. p. 15.

concreta. Sai, finalmente, do lugar de vítima. E assim, todos embarcam rapidamente para Troia, e o destino se cumpre.[132]

O certame entre Atena e as Fúrias mostra, de um lado, a reflexão e a contenção em oposição ao ímpeto de vingança e a ira derramada. É maravilhoso observar como a repetição dos versos do Coro indica a mesma dinâmica de repetição que vemos no complexo. Enquanto a deusa convida as três criaturas a viver em Atenas e ali receber oferendas, abrindo mão da amargura e aceitando uma parceria, as falas das Erínias representadas pelo Coro compõem 30 versos (em dois blocos de 19 e 11) quase idênticos, à exceção de uma ou outra palavra sinônima. Atena pede, insiste para ser ouvida; como se dissesse "ouçam a deusa da sabedoria, um outro feminino a ser considerado, continente de Métis". É o diálogo entre duas grandes entidades, expressões da sapiência. Ao convidar essas forças primordiais a serem suas hóspedes, habitantes de Atenas, a deusa, com seu discurso persuasivo, não apenas as acolhe, mas lhes dá um **lugar** de dignidade e destaque. A energia erínia estará, a partir de agora, a seu serviço.

CONSIDERAÇÕES FINAIS

Mas como se muda de lugar? Como saem as Fúrias de sua posição arrogante? Na pergunta que o Corifeu formula a Atena, após muito atrito e resistência, está a chave para a solução: *"Mas, onde moraremos, **soberana** Atena?"*[133]. A resposta da deusa assegura uma pertença: *"Num lugar onde não há penas; aceitai-o!"*[134] Enquanto as Fúrias preocupam-se com sua nova identidade, Atena promete-lhes um novo lar, novos amigos, um novo olhar de consideração, antídoto contra o ressentimento. Ensina-nos, assim, como reverter uma maldição: há que aproximar-se do terrível, persistir no diálogo, acolher o antigo, ofertar um lar ao que antes ameaçava. Lida-se com perspicácia e sabedoria contra a força vingadora, mesmo dentro do campo agressivo de Ares (o encontro se dá no Areópago, local consagrado ao deus da guerra).

---

[132] Idem. Filoctetes: a expressão do arquétipo da vítima.Qual a medida da dor? *Junguiana*, São Paulo, n. 31/1, 2013. p. 42.
[133] ÉSQUILO, 2003, v. 1182, p. 188.
[134] ÉSQUILO, 2003, v. 1183, p. 188.

Segundo Miller[135], somente uma escuta verdadeira é capaz de redimir a ferida da criança em nós. Atena propõe justamente isso. Auxilia a escuta, dialoga, troca e assim vai conjugando *puer e senex*. Suas características patriarcais discriminam e organizam, e a alteridade que contém abre espaço para a conciliação.

Lembrando que a Inveja –Megera – é uma das Fúrias, e expressão de um lado sombrio da deusa, ao renomear as Erínias como Eumênides e conseguir delas a benevolência e proteção da cidade, Atena integra o feminino terrível. A forma como o faz, diferente de com Aracne e Medusa, mostra um lado criativo em usar da persuasão e da continência, da sabedoria, da paciência e da argumentação. Faz com as palavras o que Zeus fez com correntes, e vai além. Une o feminino das Fúrias transformadas, ao masculino que ela carrega em si, promovendo a passagem de um feminino primordial terrível para cuidador e parceiro, de guerreiro para persuasivo. Assim como o exílio é o mau maior para a cultura grega, ter um lugar outorgado à cidadania, receber uma morada, pertencer, é um bem valioso. Simbolicamente, é de grande importância encontrar um lócus interno para as emoções atormentadoras, os ímpetos destrutivos, as arrogâncias, o remorso, a inveja, a vingança, e transformar essas forças em prosperidade.

O movimento de transformar as Fúrias em Eumênides tem a ver com levar a consciência para fora da caverna escura das três divindades. Diz respeito, portanto, a uma outra qualidade de consciência, não mais pela culpa, mas pela reflexão e compaixão. O velho e o novo conciliados obedecem à vida.

Em uma das últimas falas de Atena nas *Eumênides,* Ésquilo presenteia-nos com uma colocação que ilustra essas ideias:

> Levada pelo amor a este povo,
> deixo com ele as deusas poderosas
> mas de trato difícil; seu encargo
> é dirigir a vida dos mortais.
> Quem não pautar a conduta na vida
> pelos ditames destas divindades

---

[135] MILLER, 2011.

> temíveis por seu poder inconteste,
> não poderá compreender a origem
> dos golpes que recebe em sua vida.
> Por causa dos pecados de seus pais,
> os homens são levados a enfrentá-las
> e a morte muda, embora suas vítimas
> tentem detê-las com palavras ásperas,
> destrói-as em obediência apenas
> ao rancor implacável destas deusas.[136]

A divindade Atena, que teve sua mãe engolida pelo pai, se humana fosse, estaria nos apontado em seu mito como enfrentou, ela mesma, suas próprias fúrias, tendo que dar a mão ao seu herói interno, integrar a inveja, contextualizar as relações, praticar a escuta, fazer uso consequente da palavra, olhar de nova perspectiva, liberar a criatividade.

É sempre bom rememorar que as mágoas e ressentimentos que alimentam a vingança, quando moram em nosso corpo causam infertilidade e doença. Se transformados em benevolência, passam a funcionar como bem-aventurança. Atena, em seu encontro com Aleto, Tisífone e Megera ensina-nos a o que observar para essa grande aventura.

Finalizo, como gosto de fazer, com poesia. Escolho Adélia Prado e seu poema **Dois vocativos**[137]:

> *A maravilha dá de três cores:*
> *branca, lilás e amarela,*
> *seu outro nome é bonina.*
>
> *Eu sou de três jeitos:*
> *alegre, triste e mofina,*
> *meu outro nome eu não sei.*
>
> *Ó mistério profundo!*
> *Ó amor!*

---

[136] ÉSQUILO, 2003, v. 1222-1236, p. 190.
[137] PRADO, A. *Poesia reunida*. São Paulo: ARX, 1991. p. 151.

REFERÊNCIAS

BAPTISTA, S. M. S. Ex-mãe, ex-pai, ex-filho: a data de validade das relações. *Junguiana*. São Paulo, n.30/1, 2012. p. 13-19.

_____. Filoctetes: a expressão do arquétipo da vítima.Qual a medida da dor? *Junguiana*. São Paulo, n. 31/1, 2013. p. 39-47.

BRANDÃO, J. S. *Dicionário Mítico-Etimológico*. Petrópolis:Vozes, 2000.

CALASSO, R. *As núpcias de Cadmo e Harmonia*. São Paulo: Companhia das Letras, 1990.

ÉSQUILO. Eumêmides. In: *Oréstia*. Tradução de Mário Gama Kury. Rio de Janeiro: Jorge Zahar, 2003.

HESÍODO. *Teogonia*. Tradução de Jaa Torrano. São Paulo: Iluminuras, 2001.

MILLER, A. *A revolta do corpo*. São Paulo: Martins Fontes, 2011.

PRADO, A. *Poesia reunida*. São Paulo: ARX, 1991.

OTTO, W. F. *Os deuses da Grécia*. São Paulo: Odysseus, 2005.

WALCOT, P. *Envy and the Greeks – a study of human behaviour*. Warminster: Aris & Phillipis Ltd., 1978.

13

QUANDO O AMOR ROMÂNTICO INTOXICA
(2015)

INTRODUÇÃO

A ideia de *amor romântico* cola-se imediatamente para mim a uma frase que tenho repetido na clínica ao receber meus pacientes com suas queixas sobre seus parceiros: *o amor romântico é a um só tempo a maior fonte de energia e o principal narcótico do nosso tempo*. A frase não é minha, mas de James Hollis, retirada de seu livro *O Projeto Éden*[138]. Tenho feito dos escritos desse autor, entre outros, como James Hillman, Alice Miller e Joseph Campbell, meus pilares de reflexão sobre a psique e a clínica. Resolvi então refletir sobre esse tema e inicio este texto afirmando em conjunto com Hollis: *o amor romântico é tóxico e incapacitante*. Vamos entender por quê.

Antes de mais nada, esclareço que entendo como *amor romântico* o modo de expressão da relação amorosa que vem desde os tempos do amor cortês do século XVI e que se instalou na subjetividade da cultura ocidental como forma padrão de relação. Geralmente pressupõe um par – hetero ou homossexual –, ligado ao longo de toda uma vida numa crença idealizada de perfeição e pureza. A desconstrução dessa ideia virá à medida que caminharmos pelo texto.

O pensamento de Hollis é simples e está esboçado nas primeiras frases do livro citado: "Todos os relacionamentos começam e terminam em separação".[139] "Para um bom relacionamento com o outro, precisamos empreender nossa própria jornada pessoal."[140]

---

[138] HOLLIS, J. *O Projeto Éden:* a busca do Outro mágico. São Paulo: Paulus, 2002. p. 51.
[139] Ibidem, 2002, p. 11.
[140] Ibidem, 2002, p. 14.

Entendo que Hollis aponta para uma direção ao fazer essas afirmações: deveríamos nos preparar para viver o melhor possível as inúmeras separações que a vida nos reserva. E esse caminho passa pelo autoconhecimento.

Relacionar-se e separar-se são como sístole e diástole. Movimentos da vida, constantes e inevitáveis. Somos profundamente marcados pelas primeiras relações amorosas, a começar pela mãe, o pai, ou os adultos cuidadores de nós enquanto fomos crianças. Ali se aprende, a partir das feridas que os pais carregam de suas próprias histórias, um modelo de relacionamento que irá se replicar em todas as nossas relações.

A partir do momento em que estou em relação, uma emoção básica se faz presente: o **medo**. Como animais vulneráveis que somos, precisamos desesperadamente do outro; dele dependemos. Se essa fragilidade é reconhecida e aplacada pelo adulto cuidador, há chances de que se promova na criança a sensação de segurança, ou como descreveu John Bowlby – psicólogo e psiquiatra britânico do século XX, cujo trabalho focado no desenvolvimento infantil desembocou na teoria do apego –, um apego seguro, que dará àquele ser em formação condições de sentir-se bem consigo mesmo e com o mundo. Parece que essa situação pertence a um mundo ideal, pois nos deparamos numa proporção assustadoramente maior com pessoas inseguras e que se amam pouco. Essas pessoas possivelmente tiveram que lidar com o medo primordial de aniquilamento de forma a escondê-lo ou negá-lo como estratégia de sobrevivência. A criança, inundada pelo medo de perder o amor dos pais, encontra caminhos para satisfazer as expectativas deles e responder de forma positiva ao que acredita que eles esperem que ela seja. Essa situação é terrível, pois vai, gradual e cruelmente, afastando a criança dela mesma, sempre motivada a garantir a atenção, o olhar, o amor do outro.

Hollis fala de um outro com "O", Outro, onde são depositadas as soluções dos meus problemas, a expectativa de amor incondicional, a realização daquilo que não fui capaz de realizar. Assim, identifico-me com ele e quem sabe ele me dará o que preciso? Desejo me unir a ele e assim me sentir protegida, sustentada e salva, diz o autor.

EROS E PSIQUÊ

Quando essa criança cresce e vai em busca de um par amoroso, leva consigo as demandas de sua alma. Projeta no mundo sua fome de amor e elege um parceiro que supra o que não recebeu. Nesse cenário, Eros está sempre presente. Filho de Afrodite e Ares, ou também entendido como a energia primordial surgida do caos e que deu origem ao cosmos, ele representa aquilo que une, que vincula, que aproxima. Gostaria de considerar aqui a divindade como filiação da deusa do amor. Parece-me que o amor romântico e seu caráter tóxico, que viso salientar, poderiam ser localizados nesse mito nos momentos de Psiquê **antes de sua tomada de consciência**, ou seja, antes de seu trajeto rumo a si mesma e ao outro amoroso; e entendo Psiquê como um correlato humanizado da própria deusa Afrodite.

Como se sabe, Psiquê tinha tamanha beleza que ameaçava o culto a Afrodite, enfurecendo a deusa e causando um enorme mal estar aos pais da moça, que temiam os castigos divinos. Estes vão a um oráculo que os aconselha, orientado por Apolo, a oferecê-la em núpcias ao imponderável. Como era hábito, a criatura amaldiçoada (e a beleza em excesso pode ser assim entendida) era exposta à própria sorte, a situações de risco e abandono em alguma floresta, montanha ou lugar ermo e esquecido. Caso os deuses dela se apiedassem, ou seu fim não estivesse determinado pelas Moiras naquele momento, sua vida seria, de alguma forma, poupada. Assim se deu com Psiquê, deixada no alto de um penhasco.

Vejam, temos aqui uma jovem que não correspondia às demandas do coletivo por exceder em beleza o permitido, e os pais lhe respondem a isso com abandono e morte. Psiquê não poderia ser ela mesma. Troquemos a condição da beleza por hiperatividade, ausência de foco, por carência de inteligência formal ou qualquer outra característica do que é esperado em nossa sociedade atual, e poderemos vislumbrar a trágica situação que a pessoa enfrenta ao sentir-se inadequada. O destino é a solitária exclusão e a vivência de dor e desamparo.

Enquanto isso, Afrodite instrui seu filho Eros a ferir Psiquê com suas flechas mágicas para que se apaixone por uma criatura terrível e caia em sofrimento. A vingança de Afrodite aponta para fazer com que aquela bela jovem sofra por aquilo que ela antes deveria se orgulhar. Reafirma a mensagem dos pais mortais: *você não pode ser quem você é! Sinta-se inadequada!* Faz-nos lembrar da rainha-mãe de Branca de Neve consultando o espelho e esperando uma resposta confirmativa de sua eterna beleza. No caso de Afrodite, uma deusa, sua beleza era (é) de fato imortal; mas Psiquê traz em si uma outra beleza que também ensinará a deusa.

No entanto o destino quis que Eros, por descuido – o amor é desatento e imprevisível?-, ferisse a si mesmo, fascinado que ficou com os encantos da moça. Numa inesperada atitude de desobediência à mãe, como ocorre quando nos apaixonamos e nos sentimos impelidos a viver um amor proibido, Eros acolhe Psiquê e lhe propõe divino amor à noite e espera solitária na claridade do dia. Ou seja, a inconsciência, a narcose, em troca de ter tudo aquilo que projetasse em seu amante noturno. Quantos casamentos não se estruturam dessa maneira, com o detalhe, também trazido pelo mito, da oferta de muitos bens materiais a satisfazer os desejos terrenos?

Abro um parênteses para esclarecer que chamo de *narcose* a situação de rebaixamento ou anestesiamento da consciência que tira o herói de sua jornada em direção a si mesmo – o herói aqui entendido também metaforicamente como a parte em nós que vai ao mundo agir, fazer acontecer, matar os dragões simbólicos. A *narcose* opõe-se ao movimento hermético e à consciência reflexiva, qualidades que acordam o herói em nós. Essa ideia é bastante discutida e ilustrada no livro *Ulisses: o herói da astúcia*[141], no qual postulo que alguns femininos que surgem no caminho de Odisseu/Ulisses possuem esse poder narcótico sedutor de adormecer a ação, contra o qual terá que lutar para chegar a Ítaca.

Bem, a história continua com muitos meandros, como a chegada das invejosas irmãs de Psiquê que a mobilizam a sair da escuridão, embora com motivações pouco nobres. No instante em que a lâmpada de óleo de Psiquê é levantada e ela enxerga quem de fato é seu parceiro, tudo muda. O caminho pessoal de Psiquê começa neste exato momento. A partir daí ela entenderá a trama invejosa das irmãs, tentará suicídio – num movimento desesperado da alma em busca das profundezas -, procurará a sogra para

---

[141] BAPTISTA, S. M. S. *Ulisses:* o herói da astúcia. São Paulo: Casa do Psicólogo, 2011.

pedir pela volta de Eros e terá suas tarefas estabelecidas para pavimentar o caminho até esse encontro. Primeiro consigo mesma, depois com o outro.

Quando afirmo que o mito traz uma imagem do amor romântico na sua faceta tóxica, quero evidenciar o lado da inconsciência e da projeção que ocorre no encontro amoroso, em que um atribui ao outro a sua salvação.

OLHARES PARA O MITO

Há pelo menos duas perspectivas de onde podemos olhar esse mito. Uma diz respeito à **criança** Psiquê, ferida pelo abandono paterno e materno, e que terá que morrer para renascer. Foi preciso que se afastasse literalmente de seus pais (ela entende a tragicidade da situação e aceita seu destino), que levasse as irmãs à morte com suas maledicências, que se humilhasse perante Afrodite e suas escravas -Hábito, Ansiedade e Tristeza-, sentindo-se profundamente impotente. O fim está presente ao longo de toda a história: depois de aceitar a ida às núpcias com a morte ditada pelo oráculo e obedecida pelos pais, Psiquê tenta se matar no rio mais próximo, ao ver Eros voar para longe; mas as águas recusam sua entrega e Pan vem a seu encontro. Vale ressaltar que esse ser, meio homem, meio bode, é também um filho rejeitado. Sua mãe, Dríope, ao pari-lo, gritou perante sua monstruosidade e o abandonou. O pai, Hermes, no entanto, acolheu-o e o levou ao Olimpo, sendo ali recebido por todos com risos e alegria. É curioso que justo esse deus —marcado pelo abandono materno- dê ouvidos ao sofrimento da jovem, irmanando-se em suas feridas primordiais.

Ao longo das tarefas (separar os grãos, recolher o tosão de ouro, recolher água do rio Estige, ir ao Hades buscar o unguento da beleza com Perséfone), ocorrem novos pensamentos suicidas e novas interferências de personagens. A cada desafio, vai conversando com os elementos da Natureza e elaborando seus limites e potências. Chamo a atenção aqui a essa proximidade com a Natureza como um elemento curativo. Vai se encontrando a si mesma, até que decide: abre a caixa dada pela rainha dos Ínferos para ir novamente de encontro com a beleza e desfalece. Vejo nesse ato sua primeira escolha genuína direcionada a si própria. Permite-se ser ela mesma, fazer uma opção, movida pelo seu desejo. Morre para se tornar imortal.

Outra perspectiva diz respeito à Psiquê como **par amoroso** de Eros, aquela que perde seu objeto de projeção ao quebrar o pacto de inconsciência e ousar ver com quem se deitava. Antes, a jovem vivia conforme as circunstâncias, obedecendo inicialmente às ordens dos pais, mesmo que estas implicassem sua morte; depois às do marido, que fomentava a ignorância. Até o momento da luz, Psiquê atribuiu ao Outro a razão do seu viver. Hollis adjetiva esse Outro como Mágico. No campo amoroso, ele representa a ideia fantasiosa de que há um alguém que nos completa, nos entende, adivinha nossos desejos e pensamentos, que é capaz de satisfazer as nossas necessidades e nos poupar de sofrimentos.

No fundo, ambas perspectivas unem-se quando entendemos que esse Outro Mágico reproduz a mãe e o pai idealizados, aquele casal parental imaginado como capaz de um amor incondicional. Hollis lembra que "Procuramos o que conhecemos, mesmo que possa nos ferir", e "O Outro Mágico é sobrecarregado com todos os detritos da nossa história psíquica".[142]

O amor romântico envolve fascínio, e isso significa diluição das fronteiras, encantamento, uma espécie de magia. "De maneira geral, o que mais junta as pessoas, a energia que procura sinergia, são os complexos operativos de cada um".[143] O Outro Mágico pode ser lido como a *pessoa certa*, e há aí implícita a promessa da recuperação de uma unidade perdida. No entanto esse Outro amado está em nós o tempo todo. É o mecanismo da projeção que ensina que por meio da visão de fora eu tenho consciência do que está dentro. Ítaca sempre esteve ali, ao alcance de Ulisses.

A INFÂNCIA VIOLENTADA E A PROJEÇÃO

Alice Miller foi uma mulher admirável, psicóloga, escritora e incansável crítica de uma pedagogia que mais nubla do que esclarece, uma tendência do coletivo de eternizar a permanência na **inconsciência** para não precisar enfrentar as feridas formadas na infância. A criança esquece as crueldades e abusos recebidos na relação com pais ou cuidadores – geralmente também feridos, reproduzindo seus próprios modelos violentos -, justificando-os e

---

[142] HOLLIS, J. *O Projeto Éden*: a busca do Outro mágico. São Paulo: Paulus, 2002. p. 45.
[143] Ibidem, 2002, p. 49.

banalizando as vivências como algo que "é assim mesmo", "sempre foi assim", "foi para o meu bem", "foi por amor". A memória intelectual fica soterrada por ensinamentos e adequações forçadas, mas o corpo lembra. E esse corpo que carrega as marcas de um passado abusador pode trazer de volta o que está ali adormecido mas não esquecido, e com isso libertar a pessoa do que a envenena silenciosamente.

Em outros escritos (entre eles *Vínculos Venenosos* ou *Ex-mãe, ex-pai, ex-filho: a data de validade das relações*) trato desses assuntos dos abusos psíquicos com mais vagar. Volto aqui ao nosso foco, a saber o vínculo amoroso romântico e seu poder narcótico. A referência a Miller baseia-se na ideia de que todas essas situações interrelacionam-se, dando-nos um novo olhar para as projeções. Quando projetamos, a psique movimenta-se em direção a algo fora do eu para que possa enxergar-se a si mesma no outro. E esse movimento é investido de um afeto, esse carregado de memórias gravadas no corpo, invisíveis num primeiro momento. Quando chamo o outro de **meu** amor e atribuo a ele(ela) **a razão do meu viver**, abandono a mim, muitas vezes como me senti abandonada em alguma medida por aqueles que tinham como incumbência proteger-me e amar-me. Ou melhor, como seria de esperar, e que vemos ser uma das tarefas mais desafiadoras e difíceis de se observar acontecer, deixo de promover a alteridade do outro como ele é, de fomentar a identidade, o desenvolvimento de uma potência que clama por expressão.

Voltando ao mito, Psiquê, ao projetar sua existência em Eros, o faz abrindo mão de si mesma, obedecendo ao outro, desejando adequar-se a ele e acreditando ser assim a maneira de se fazer merecedora de seu amor. Mas que amor é esse que molda o outro a responder de um modo determinado? Se Psiquê ficasse paralisada nesse momento projetivo, estaríamos numa versão do mito de Eco e Narciso, no qual a pobre ninfa não é capaz de sair de uma dinâmica de anulação de si. Porém aqui o mito é outro e vemos a jovem partir para um corajoso caminho de encontro consigo mesma, permeado por inúmeras mortes. É preciso que morra a ignorante e ingênua Psiquê, a filha abandonada à morte, a esposa inconsciente, a mulher vítima, a nora desvalida e desvalorizada, para deixar nascer aquela que escolhe e corre riscos, que ousa ser "inadequada", pois segue sua própria intuição, sua voz interna.

Numa crítica feroz aos mandamentos do mito cristão, Alice Miller afirma ser impossível respeitar quem vê a obediência como virtude, a curiosidade como pecado e o desconhecimento do bem e do mal como ideal, atitudes que dão origem a indivíduos que não perguntam, que assumem medos alheios, que toleram contradições, que se submetem à dominação e que, enfim, adoecem. Não são essas, características da jovem Psiquê antes de suspender a lâmpada de óleo?

O amor romântico faz-se narcótico, portanto, ao velar ou mesmo anestesiar a consciência na troca de projeções do ideal no outro, ou no Outro. Ao que estou denominando *narcose*, entendo que se opõe o *movimento*, característica principal do deus Hermes, pai de Pan – aquele que recoloca Psiquê em seu rumo. Ao lado da noção de movimento em oposição a narcose, entendo que há o desapego. Quando o romance seduz o amante a permanecer aonde chegou, paralisa o movimento hermético. A consciência narcotizada funciona dentro de uma dinâmica matriarcal que prioriza o prazer e a sensorialidade. O tédio, a acomodação, o prazer imediato, a preguiça, a vaidade, o ócio, o hábito possuem efeito narcótico em nós. O casal Eros e Psiquê são adolescentes que viveram, num primeiro momento, o intoxicante amor romântico, para somente após um árduo caminho de encontro consigo mesmos, transformarem o veneno em fármaco, a projeção em apropriação. A desobediência e a curiosidade são fundamentais nesse processo, bem como o sacrifício e a aceitação da morte/transformação.

CONCLUSÃO

Para trazer um alento a essas colocações que sublinham a toxicidade do amor romântico e falar daquele amor que surge sem os véus das projeções dos medos infantis, trago um pequeno trecho de Joseph Campbell quando fala da *Mitologia do Amor*, recordando os trovadores e poetas que o cantavam, nas palavras de Guiraut de Borneilh, especificando que "o **amor** é discriminador –pessoal e específico- e nasce dos **olhos** e do **coração**.

Assim, pelos olhos o amor atinge o coração:

Pois os olhos são as sentinelas do coração

E os olhos fazem o reconhecimento

> *do que agradaria ao coração possuir.*
>
> *E quando eles estão em pleno acordo*
>
> *e firmes, todos os três, no uno se elucidam,*
>
> *e então, nasce o amor perfeito*
>
> *daquilo que os olhos tornaram bem-vindo ao coração.*
>
> *De nenhum outro modo pode o amor nascer ou ter início*
>
> *senão por esse nascimento e esse início movido por inclinação.*

> Note bem: esse amor nobre **não** é indiscriminado. Não é um "ame o teu próximo como a ti mesmo, não importa quem ele possa ser"; não é ágape, caridade ou compaixão. Nem é uma expressão do desejo sexual em geral, que é igualmente indiscriminado. Não é, por assim dizer, da categoria do Céu nem do Inferno, mas da Terra; estabelecido na psique de um indivíduo em particular e, especificamente, predileto de seus olhos: sua percepção de outro indivíduo específico e a comunicação da imagem dela ao seu coração – o qual deve ser (como nos contam outros documentos da época) um coração "nobre" ou "gentil", capaz da emoção do amor, **amor** e não simplesmente luxúria.[144]

Portanto, digamos sim ao amor – afinal Psiquê encontrou Eros -, mas observando o caminho pessoal como pré-requisito, ousando cuidar da criança abandonada que muitas vezes carregamos, ousando desobedecer, sermos curiosos e discriminarmos nossas projeções, o bem e o mal em nós.

Finalizo voltando o olhar a uma poesia e a uma canção que, acredito, talvez nos ajudem a evidenciar esses movimentos da psique e nos acordar para os caminhos desse campo intrincado do humano, ensinando-nos a importância do amor verdadeiro começar e terminar em nós.

---

[144] CAMPBELL, J. *Para viver os mitos*. São Paulo: Cultrix, 1972. p. 130.

Eros e Psiquê
Fernando Pessoa[145]

Conta a lenda que dormia
Uma princesa encantada
A quem só despertaria
Um Infante, que viria
De além do muro da estrada

Ele tinha que, tentado,
Vencer o mal e o bem,
Antes que, já libertado,
Deixasse o caminho errado
Por o que à Princesa vem.

A Princesa Adormecida,
Se espera, dormindo espera.
Sonha em morte a sua vida,
E orna-lhe a fronte esquecida,
Verde, uma grinalda de hera.

Longe o Infante, esforçado,
Sem saber que intuito tem,
Rompe o caminho fadado.
Ele dela é ignorado.
Ela para ele é ninguém.

---

[145] PESSOA, F. *O Eu Profundo e Os Outros Eus*. Rio de Janeiro: Nova Fronteira, 1983. p. 115-116.

Mas cada um cumpre o Destino.
Ela dormindo encantada,
Ele buscando-a sem tino
Pelo processo divino
Que faz existir a estrada.

E, se bem que seja obscuro
Tudo que pela estrada fora,
E falso, ele vem seguro,
E vencendo estrada e muro,
Chega onde em sono ela mora.

E, inda tonto do que houvera,
A cabeça, em maresia,
Ergue a mão, e encontra hera,
E vê que ele mesmo era
A Princesa que dormia.

Doce Presença
Ivan Lins e Vitor Martins[146]

Sei que mudamos desde o dia que nos vimos
Li nos teus olhos que escondiam meu destino
Luz tão intensa
A mais doce presença
No universo desse meu olhar

Nós descobrimos nossos sonhos esquecidos
E aí ficamos cada vez mais parecidos

---

[146] LINS, I. *Doce presença*. Disponível em: <http://www.vagalume.com.br/ivanlins/docepresenca.html#ixzz3hEAWbpxd>. Acesso em: 27 jul. 2015.

Mais convencidos
Quanto tempo perdido
No universo desse meu olhar

Como te perder?
Ou tentar te esquecer?
Inda mais que agora sei que somos iguais
E se duvidares, tens as minhas digitais
Como esse amor pode ter fim?

Já tens meu corpo, minha alma
Meus desejos...
Se olhar pra ti
Estou olhando pra mim mesmo

Fim da procura
Tenho fé na loucura
De acreditar
Que sempre estás em mim...

REFERÊNCIAS

APULEIO, L. *O asno de ouro*. Rio de Janeiro: Ediouro, 1985.

ALVARENGA, M. Z.; BAPTISTA, S. M. S. *Ulisses*: o herói da astúcia. São Paulo: Casa do Psicólogo, 2011.

BAPTISTA, S. M. S. Vínculos Venenosos. *Junguiana*, 29/1, 2011.

_____. Ex-mãe, ex-pai, ex-filho: a data de validade das relações. *Junguiana*, 30/1, 2012.

CAMPBELL, J. *Para viver os mitos*. São Paulo: Cultrix, 1972.

Eros e Psiquê. Disponível em: <https://www.youtube.com/watch?v=4XJMoBq7fNQ>. Acesso em: 27 jul. 2015.

HOLLIS, J. *O Projeto Éden*: a busca do Outro mágico. São Paulo: Paulus, 2002.

LINS, I. *Doce presença*. Disponível em: <http://www.vagalume.com.br/ivanlins/docepresenca.html#ixzz3hEAWbpxd>. Acesso em: 27 jul. 2015.

MILLER, A. *A revolta do corpo*. São Paulo: Martins Fontes, 2011.

PESSOA, F. *O Eu Profundo e Os Outros Eus*. Rio de Janeiro: Nova Fronteira, 1980.

14

ME DÊ UMA MÃO?, OU, QUANDO A AJUDA É DIZER "NÃO"
(2016)

Sei lá

Paulo Leminski[147]

vai pela sombra, firme,
o desejo desespero de voltar
antes mesmo de ir-me
antes de cometer o crime
me transformar em outro
ou em outro transformar-me
quem sabe obra de arte,
talvez, sei lá, falso alarme
grito caindo no poço,
neste pouco poço nada vejo nem ouço,
mais mais mais
cada vez menos
poder isso, sinto, é tudo que posso,
o tão pouco tudo que podemos

INTRODUÇÃO

Tenho refletido em minha prática clínica sobre o conceito de "ajuda", que surge na fala dos pacientes quando se envolvem em alguma situação de sofrimento, principalmente com familiares ou companheiros amorosos.

---

[147] LEMINSKI, P. *Toda poesia*. São Paulo: Companhia das letras, 2013. p. 332.

São muitas as tentativas das pessoas em oferecer "ajuda" a quem acreditam precisar, num evidente e flagrante mecanismo de projeção aliado à assunção do papel de salvador, mecanismo este que afasta o ego da descida necessária aos ínferos pessoais para um enfrentamento com as próprias questões. Vejo-me, invariavelmente, citando – e muitas vezes repetindo – a passagem do conto de Apuleio de Madaura, do século II d.C., no qual a jovem Psiquê tem como tarefa negar ajuda a um velho que lhe estende a mão durante sua travessia no rio Estige, o rio da morte, gesto este que o autor alertou tratar-se de uma piedade proibida, e que Junito Brandão[148] nomeou "piedade ilícita".

Apuleio cita mais duas passagens em que Psiquê precisa negar ajuda, mas a imagem do rio da morte sempre foi a que me ficou mais viva na memória. Curiosa por entender melhor esse fragmento do conto, voltei a ele e à interpretação que Marie-Louise von Franz fez dele e passo aqui a trazer luz a essas ideias que, espero, possam ampliar nossa compreensão do sempre e infinito mistério que é a alma humana.

RELEMBRANDO A HISTÓRIA

O conto sobre Eros e Psiquê é longo e repleto de detalhes aos quais não me aterei, convidando o leitor a lê-lo na íntegra, inclusive como material literário de prazer indubitável. É parte do romance *O Asno de Ouro*[149], introduzido como uma estória contada por uma velha, em uma das situações de fuga vivida pelo personagem central Lúcio, transformado, por meio de um feitiço, em asno. Von Franz entende que essa inserção poderia ser vista como um sonho do autor/personagem e assim interpretada. De modo que mergulhamos no simbolismo da estória, a qual tanto pode ser encarada como uma expressão do processo de individuação feminina, como trabalhou Erich Neumann[150], bem como da *anima* do protagonista, como sugere von Franz, revelando muito da psique de Apuleio, banhado pelo inconsciente norte – africano juntamente com sua consciência romana.

---

[148] BRANDÃO, J. S. *Mitologia Grega*. v. II. Petrópolis, RJ:Vozes, 2002. p. 218.
[149] APULEIO, L. *O asno de ouro*. Tradução de Ruth Guimarães. Rio de Janeiro: Ediouro, 1985. p. 71-101.
[150] NEUMAN, E. *Amor and Psyche*. New York: Bollingen/Princeton University Press, 1973.

O enfoque que darei será no mitema da travessia no momento da catábase (movimento de descida aos ínferos, ao mundo das almas), pois creio estar ali a ampliação do tema da "ajuda" que desejo discutir. Vamos a um panorama da estória:

Psiquê era uma princesa de tão grande beleza que todos os habitantes de seu país, e mesmo estrangeiros, admiravam-na e lhe rendiam homenagens em quantidade e devoção tão grandes ou maiores que à própria deusa Afrodite. Sua fama correu mundo, a ponto dos altares dedicados à deusa ficarem esvaziados e abandonados. Era como se Afrodite tivesse descido ao reino dos mortais e se fizesse humana em Psiquê. Tal situação tornou-se insustentável, e a deusa convocou seu filho Eros para vingá-la: que flechasse a mortal e fizesse com que caísse apaixonada pela mais ignóbil das criaturas. Enquanto isso, a pobre Psiquê sofria com o excesso. Sua beleza era tamanha que nada, além da contemplação, era ousado por seus devotos, e vivia assim dias de abandono e solidão. Seu pai foi, então, consultar o oráculo de Delfos e obteve como resposta que sua filha caçula deveria ser exposta num rochedo em núpcias de morte. E assim se deu, com a comoção de todos e o sacrifício e entrega da virgem. Eros, cumprindo a tarefa imposta pela mãe, vai em busca de sua vítima, mas num ato de **desobediência** faz de Psiquê sua esposa, com a condição que a jovem não o visse à luz do dia. Gozava de sua presença no breu da noite, e assim que os primeiros raios de sol apontavam o céu ele partia. Ela permanecia e usufruía de toda sorte de confortos e prazeres da mesa, até o reencontro na noite subsequente.

Eros advertiu-a sobre as irmãs e um possível envenenamento de suas ideias por parte delas movidas pela inveja, caso se encontrassem, antevendo um desejo da esposa. E de fato Psiquê pediu para encontrar com as duas irmãs, finalmente conduzidas ao palácio. A reação não foi outra: maravilharam-se com o que viram. Maledicentes, instruíram Psiquê a desobedecer a ordem marital – esta é a segunda **desobediência** da estória, a primeira de Psiquê, indicando já que, simbolicamente, a individuação e a ampliação da consciência implicam na curiosidade e na transgressão, haja vista Eva e Adão no mito cristão, e sua queda do paraíso. Ao erguer a lâmpada e descobrir que dormia com um deus e não com um monstro, como confabularam as irmãs, deixa cair uma gota de óleo e fere Eros no ombro. Abandonada por seu amor que foge para longe, vinga-se de morte das irmãs.

Começa aí o suplício da jovem, que, depois de tentar atirar-se no rio mais próximo e ser convencida pelo deus Pan a não fazê-lo – um deus também rejeitado pela mãe -, sai em busca do amado. Afrodite fica a par do encontro do filho com a odiada mortal e anseia encontrá-la. Deméter e Hera têm com Psiquê, que suplica por proteção e ajuda nos templos das deusas encontrados ao vagar. Ambas falam desde o campo do poder, não de Eros. Reforçam a própria obediência à deusa Afrodite e **negam ajuda** a Psiquê. Deméter e Hera representam os aspectos mãe e esposa, instituições conservadoras a serviço da manutenção do *status quo*. Psiquê, ao contrário, precisa se transformar; deixar morrer a menina e tornar-se mulher. Mais uma vez, entrega-se. É recebida na casa da mãe de Eros por uma serva de nome Consuetude – o hábito – e supliciada por outras duas, Inquietação e Tristeza. O simbolismo desses nomes na recepção de Psiquê diz muito!

Afrodite, depois de humilhá-la ao máximo, dá-lhe tarefas impossíveis, intencionando sua morte. Em todas elas, a pobre princesa de fato desejou esse fim, mas foi acudida por criaturas da natureza. A primeira das tarefas foi a separação dos grãos no espaço de uma noite, para a qual Psiquê contou com a ajuda das formigas. A segunda foi apanhar chumaços do tosão de ouro de carneiros enfurecidos, e recebeu o conselho de um caniço à beira do rio onde novamente quis se atirar. A terceira tarefa foi recolher, num delicado vaso de cristal, um pouco da água do Estige em sua fonte, tendo sido ajudada pela águia de Zeus. A quarta e última tarefa dizia respeito àquilo que unia a deusa e a mortal: a beleza. Afrodite ordena a Psiquê que vá aos ínferos pedir a Perséfone que lhe conceda uma porção de um dia de beleza, desgastada que ficara por ter cuidado do filho enfermo. Psiquê faz então a sua catábase e, como uma verdadeira heroína, desce à terra dos mortos. É nesse ponto que gostaria de iniciar nossa reflexão. Vamos, com Psiquê, fazer esse percurso rumo ao mais profundo de si mesma.

A DESCIDA

Psiquê é instruída por uma torre de onde iria se jogar a não fazê-lo. Se ia mesmo ao Tártaro, porque não tentar trilhar o caminho pedido e quem sabe ser bem sucedida na volta? Ela concorda com a ponderação e ouve, atenta, as instruções. Deveria encontrar o lugar de acesso ao Hades e levar consigo em cada uma das mãos um bolo de farinha de cevada amassado com vinho e mel para o cão Cérbero, guardião das portas do mundo das almas, além de duas moedas na boca para a paga do barqueiro Caronte na travessia do rio Estige.

A primeira advertência diz respeito a um burriqueiro e um burro, ambos coxos, a quem ela terá de **negar ajuda** quando ele lhe pedir que apanhe umas toras caídas da carga levada pelo burro. Deve também manter-se em silêncio e continuar. Em seguida, chegará ao rio da morte, pagará a moeda pela travessia de ida a Caronte – sendo ele quem a retirará de sua boca com as próprias mãos – e **negará** estender a mão a um ancião morto boiando próximo ao barco quando este lhe pedir para ser içado. A **terceira negativa** deverá ser dada a três tecelãs que lhe pedirão **ajuda** com seu trabalho. Foi lhe dito não ter o direito de tocá-lo, e ainda por cima deverá cuidar, uma vez mais, para não perder o bolo de cevada, vinho e mel.

A torre ainda lhe adverte da mais importante das recomendações: evitar a curiosidade e não abrir, em nenhuma hipótese, a caixinha da beleza dada por Perséfone – essa será a terceira **desobediência** da estória, a segunda de Psiquê, e a mais significativa por ser uma ação genuína, expressão de seu próprio desejo, como veremos. Mas vamos às negações!

AS NEGATIVAS

O senhor coxo e seu burro igualmente claudicante indicam a identidade dos personagens na sua deficiência, dificuldade esta que provoca no próximo a piedade, como acontecerá nos encontros seguintes. Von Franz salienta que o apelo é ainda maior para o feminino maternal na mulher, tornando a tarefa especialmente difícil para a jovem. Quem não se sente impelido a ajudar um ancião naquilo que ele não mais possui, a força física, o vigor, atributos da juventude? Os cinco personagens das negativas, aliás, são velhos, contrastando com Psiquê na flor da idade. A primeira negativa implica também seu cuidado para não deixar de estar atenta ao alimento para Cérbero, única possibilidade de saída do mundo dos ínferos. Isso nos aponta para o fato de que a distração com a ajuda movida pela **piedade ilícita** tem uma decorrência fatal.

Psiquê não sabe quem é o velho coxo e o que ele fará na sequência de sua possível ajuda. A velhice e debilidade física provocam a projeção de conteúdos que nublam a consciência. Penso, pela leitura simbólica do conto, que o caminho de Psiquê é o caminho da discriminação, da diferenciação, anunciado em sua primeira tarefa de separação dos grãos. Antes disso mesmo, a faca que segura quando suspende a lâmpada de óleo para desmascarar seu marido também pode ser entendida como um elemento de discernimento. A luz e o corte.

A individuação passa pelo treino dessa capacidade. Por mais que seja um velho coxo, com seu animal também coxo, Psiquê não pode se desviar de sua meta primeira que é chegar à presença de Perséfone, a saber, confrontar-se com o feminino profundo – uma deusa que igualmente fez uma descida aos ínferos e se transformou.

Cabe a Psiquê resistir à tentação da falsa bondade para não cair na armadilha de Afrodite. Sim, pois lembremos que a deusa do amor está a propor à mortal feitos que a levem a um fim letal. A irmã das Erínias, vingadoras do sangue derramado, é ela própria também uma vingadora, dentro do campo do amor erótico. Em seu aspecto maternal, Afrodite sente-se ameaçada por Psiquê na dupla mãe-filho, na ruptura da endogamia. A armadilha é provocar a tentação de esvaziar uma mão para estender ao outro e assim deixar de focar-se no processo pessoal, crendo que cuidar do processo alheio se configure em "ajuda" efetiva, quando na verdade, cada um tem o seu caminho individual a cumprir. Há que manter as mãos ocupadas! Se a jovem cai na **sedução da bondade proibida**, psique/alma e amor separam-se em definitivo.

Ao lado disso, há o detalhe do silêncio. O velho pede-lhe explicitamente para que apanhe a tora e Psiquê deve permanecer impassível. Nem mesmo uma resposta a lhe ser concedida. O silêncio é um sinal poderoso de permanência consigo mesmo. Em algumas comunidades religiosas, faz-se retiros de silêncio com o intuito de colocar a pessoa em contato profundo com o interior, e afastar falas e ruídos exteriores que alheiem a atenção da alma. O calar-se de Psiquê é um sinal inequívoco de que é preciso guardar-se do que está fora. Recordemos também que esse momento acontece em sua ida em direção ao Estige e lhe prepara para as negativas subsequentes.

Rafael López-Pedraza[151] sublinha, citando Karl Kerényi, que a raiz da palavra Estige – *stygein*- liga-se a ódio. Psiquê já teve que conter a água da fonte desse rio num pequeno e delicado vaso, ou seja, conter seu ódio. Psiquê necessita conter o ódio destrutivo que a acompanha nas tarefas impostas, silenciar sua ideia errônea de morte e sacrifício, discriminar a **piedade ilícita** de compaixão – *con-pathos*, compadecer-se de si, conectar-se com sua alma, raiz de seu próprio nome.

Para von Franz, *Estige* em grego refere-se à deusa feminina das águas que rege todas as coisas, e seu aspecto mortal aponta para o terrível do inconsciente coletivo. A psique criativa é o único vaso, segundo a autora, capaz de conter as águas do Estige.

Ela não cita o personagem coxo, mas Ocno, um homem que fabrica e torce uma corda, cujo nome significa *hesitação*. Creio ser particularmente interessante esse detalhe, uma vez que tal situação, o hesitar, equivale a claudicar, a não pisar com determinação, e assim as duas expressões aparentemente distantes, ganham semelhança.

À imagem de Ocno acrescento uma ampliação na figura da corda. No estudo da Mitologia Grega, é patente que a forma de suicídio das mulheres fazia-se por meio do enforcamento. Nicole Loraux[152] explorou o tema em seu livro *Maneiras trágicas de matar uma mulher*. O personagem fabricante de cordas faz recordar essa associação com a sempre iminente morte de Psiquê. Esta deve ignorá-lo para não cair no "canto de sereia" da saída suicida e permanência naquele mundo de *eidola*.

A segunda negativa, de força imagética inegável diz respeito à nova discriminação e consequente firmeza para não estender a mão a quem lhe pede. Pela segunda vez, o pedido é explícito e a aproximação, dramática. O ancião implora para compartilhar do espaço protegido que a separa das águas da morte. Cabe a ela entender que, naquele contexto, a alma moribunda já é parte do mundo dos mortos –novamente a discriminação-, e mais uma vez o momento pede resistência e persistência na meta primeira.

---

[151] LÓPEZ-PEDRAZA, R. *De Eros y Psique*. Caracas: Festina Lente, 2009.
[152] LORAUX, N. *Maneiras trágicas de matar uma mulher*. Tradução de Maurice Olender. Rio de Janeiro: Jorge Zahar, 1988.

O número três é dotado de uma força mágica, já bastante explorado por Jung e von Franz, entre outros pensadores. Representa o transcendente, a resposta que vem a partir da experiência de suportar a tensão dos opostos, das oposições que nos puxam em direções antagônicas. Serão três as tentativas de desvio, sendo a terceira constituída por três personagens. As fiandeiras remetem imediatamente às figuras das Parcas ou Moiras: Cloto, Láquesis e Átropos. Psiquê não deve tocar em seu trabalho e, como nas outras situações, o pedido explícito de ajuda deve ser ignorado. Von Franz chama atenção para o sentido de não se deixar tentar por determinar o destino, uma vez que as Moiras são quem atribui a cada um de nós um quinhão de vida. Cabe à jovem, portanto, aceitar. Ou ainda, *confiar*. Terá que tecer o seu próprio tecido, compor a sua própria trama. É o feminino ancestral quem lhe sinaliza. O trabalho de discriminação que vem acontecendo desde o início tem aqui seu ápice. Há que saber a que urdidura refere-se esse contexto.

AS REFLEXÕES

Podemos depreender das tarefas executadas nos ínferos por Psiquê um denominador comum: a espera, ou o suportar, o aguardar, o não agir. Se pensarmos novamente nas negativas que fez aos pedidos dos anciãos, vemos que, além de discriminar, como apontado acima, teve que suportar os sentimentos movidos pelas situações apresentadas a ela, e fiar-se numa certeza interna de que estava fazendo o melhor que lhe era pedido. Foi preciso silenciar, seguir em frente, imobilizar-se, não se aproximar em demasia, para chegar até Perséfone e conseguir sua encomenda.

Com a rainha do Hades, Psiquê terá que treinar a humildade. Há uma nova recusa, agora de aceitar os luxos que Perséfone oferece-lhe. Tem que sentar-se no chão duro, pedir um pão grosseiro como alimento, e dizer "não" ao banquete e ao conforto. São novas seduções que ocorrem como tentativas de desnorteamento e mostram que mesmo a uma deusa é possível negar. Deve saber onde é seu lugar e ali permanecer com humildade e fidelidade a seu propósito.

O mitologema de fundo da estória, a meu ver, traz a questão da **morte e renascimento** no âmbito da **escolha** – dentro do campo daquilo que é escolhido pelas Moiras, claro. Psiquê trilha a saída da condição de *puella* tendo que deixar morrer o velho, abandonando as hesitações e escolhendo, assumindo riscos, e acreditando no sentido.

No fim do conto, Psiquê, tendo cumprido todas as requisições de Afrodite, abre a caixa da beleza acreditando que se fará mais bela ao seu amado que, julga, irá encontrar como prêmio. A beleza de um dia é a beleza *efêmera*, palavra esta que em grego é atribuída à vida do homem. Perto dos deuses, o humano não passa de um ser de duração efêmera, de um único dia, como o é a existência de uma borboleta. Psiquê almeja a permanência com seu amado imortal mas sucumbe à efemeridade da beleza literal. Cai na última armadilha de Afrodite. Contudo agora, depois de todo um trajeto heroico, é resgatada por Eros e levada ao Olimpo com o consentimento de Zeus. Eros, portanto, também escolhe e age numa direção diferente à da esperada pela mãe passando da condição de filho para a de esposo, com as bênçãos do maestro olímpico.

AS TESSITURAS E OS ARREMATES

A curiosidade e a desobediência são condições obrigatórias para alcançar o conhecimento, e portanto, a consciência, como já dito anteriormente. As ajudas que Psiquê recebeu para realizar os propósitos de Afrodite parecem expressar os sinais que nos surgem ao longo do nosso caminho pessoal, sinais advindos da natureza animada. Recebeu ajuda e foi impedida de ajudar. Há uma discriminação contida aqui. E essa diferenciação, a meu ver, é do que mais carecem aqueles pacientes que citei no início da apresentação dessas ideias, mas que na verdade, somos todos nós. Caímos na tentação de – e uso aqui uma expressão da linguagem ordinária – *dar uma mão* aos que nos pedem, projetando neles nossa **piedade ilícita**, acreditando-nos potentes o suficiente para salvarmos o outro, aliviar-lhes a carga, ou, modificar-lhes o destino. Colocamos em uma mesma palavra – *ajuda* – sentimentos distintos. Ousamos tocar no tecido das Moiras/tecelãs e tentar dar à vida do outro um rumo diferente que vislumbramos melhor, mais interessante, mais saudável, mais certo.

O trabalho da discriminação é o primeiro, como nos aponta o mito, mas também o constante e infindo. Parece-me que as negativas de Psiquê acontecem em um ponto onde ela já entendeu que deve permanecer numa posição passiva. Todo seu processo implicou o *receber*. Cada tarefa exigiu dela uma capacidade de acolhimento do que era proposto. As ajudas que obteve vieram todas de elementos da natureza, demonstrando que a sua atenção precisou ser constantemente atraída para dentro, para a descoberta de uma percepção interna, uma vez que essas interferências tinham como efeito principal recolocá-la em seu caminho. A armadilha maior que se desprende da estória está na atitude de Afrodite, enquanto irmã das Erínias que tenta evitar o acesso da alma ao eros: a sedução de prestar *ajuda* sem levar em conta o próprio processo. O mito traz como bordão a ideia de suportar: discriminar e persistir, tendo como guias internos a confiança na própria alma animada por Eros. Dizer não, não e não!

Na vida de meus pacientes, sou testemunha de inúmeras situações em que a ajuda surge como armadilha. Uma paciente endivida-se para emprestar dinheiro ao irmão, cujo comportamento na vida até o momento é de continuidade do imutável. Ela imagina que o ajuda e que é capaz, com a dita "boa ação", de fazê-lo dar-se conta da sua desorganização financeira, de sua incapacidade de arcar com responsabilidades, de seu lado claudicante, de sua falta de limites, enfim, de tocar no seu destino. Auxiliar os pacientes a **discriminar** do que se trata o pedido e o que de fato aquela situação carece, e além disso, a refletir sobre como eles poderiam se envolver com seus conhecidos, familiares, amigos, de modo a respeitar seus caminhos, mesmo que isso implique negar-lhes a mão, é uma tarefa enorme. Parece-me que o papel do analista é de permanecer firme como a torre a lembrar a alma que será preciso aguentar as seduções, dizer não às tentações e suportar as incertezas do trajeto para construir a rua que leva a eros, ao prazer, ao casamento sagrado.

De forma quase invisível está outro requisito para esse encontro final: o não julgamento. Não prestar ajuda literal atinge o âmago da atitude cristã de nossa era que é a piedade. Apiedar-se do outro em sofrimento é praticamente algo automático dentro do contexto judaico-cristão em que fomos forjados no Ocidente. No entanto, o mito ensina que a psique exige relatividade. E assim como será importante a alma/psique crer no sentido interno que a guiará, também ela deverá suportar os julgamentos daqueles que a virem como insensível. Muitas vezes o paciente não permanece na não ação e no silêncio e age para não ser chamado de omisso. Estar a seu lado para que permaneça e resista, com as mãos ocupadas, com a atenção voltada para o processo, sem distrações, sem **piedades ilícitas**, sem julgamentos, para que possa ter olhos na escuridão da descida, para que pague os preços necessários, para que volte à luz transformado se fazendo merecedor da *coniunctio* Psiquê-Eros dentro de si, eis o desafiador papel do analista.

Viver é um descuido prosseguido.

João Guimarães Rosa[153]

REFERÊNCIAS

APULEIO, L. *O asno de ouro*. Tradução de Ruth Guimarães. Rio de Janeiro: Ediouro, 1985. p. 71-101.

BRANDÃO, J. S. *Dicionário Mítico-etimológico*. v. I. Petrópolis: Vozes, 2000. p. 356-358.

_____. *Dicionário Mítico-etimológico*, v. II. Petrópolis: Vozes, 2000. p. 335-347.

_____. *Mitologia Grega*. v. II. Petrópolis: Vozes, 2002. p. 209-251.

LEMINSKI, P. *Toda poesia*. São Paulo: Companhia das letras, 2013.

LÓPEZ-PEDRAZA, R. *De Eros y Psique*. Caracas: Festina Lente, 2009.

LORAUX, N. *Maneiras trágicas de matar uma mulher*. Tradução de Maurice Olender. Rio de Janeiro: Jorge Zahar, 1988.

NEUMAN, E. *Amor and Psyche*. New York: Bollingen/Princeton University Press, 1973.

ROSA, J. G. *Grande sertão:* veredas. Rio de Janeiro: Nova fronteira, 2001.

VON FRANZ, M.L. *O asno de ouro- O romance de Lúcio Apuleio na perspectiva da Psicologia Analítica Junguiana*. Tradução de Inácio Cunha. Petrópolis: Vozes, 2014.

---

[153] ROSA, J. G. *Grande sertão:* veredas. Rio de Janeiro: Nova Fronteira, 2001. p. 86.

15

DEPRESSÃO OU CATÁBASE?
REFLETINDO SOBRE PROFUNDEZAS DA PSIQUE DA PERSPECTIVA DOS MITOS DE DEMÉTER, CORE-PERSÉFONE E HÉCATE
(2017)

Não há caminho para fora de um mito –apenas um caminho mais profundamente dentro dele.

Patricia Berry[154]

Em 2012, escrevi um artigo para a *Revista Junguiana*, editada pela SBPA-SP (número 30/1), intitulado *Ex-mãe, ex-pai, ex-filho: a data de validade das relações* (incluído no presente livro), no qual explorei a questão das relações parentais que se fixam em seus papéis e, assim, não se transformam e asfixiam.

> É comum ouvirmos que as expressões ex-mãe, ex-pai, ex-filho não existem e não podem sequer ser imaginadas; as relações mãe-filho, pai-filho, filho-mãe, filho- pai seriam relações eternas, dadas pela consanguinidade, e quando não, pelos papéis instituídos. De fato, não há na língua portuguesa a possibilidade de tais vocábulos. Podemos ter ex-sócio, ex-marido, ex-mulher, ex-sogro, ex-amigo etc. Jamais ex-pai. Mas isso seria verdadeiro enquanto realidade psíquica? Todos são filhos de alguma mãe e algum pai, mesmo que não se saiba quem eles sejam. A realidade parental é inegável para que possamos existir. Mas seria de fato impossível sair desses vínculos?; ou, teríamos que carregá-los como uma espécie de carga genética implacável e indelével? O que significaria, na vida, a formulação dos neologismos "ex-mãe", "ex-pai", "ex-filho", "ex-irmão"?

---

[154] BERRY, P. *O corpo sutil de Eco – Contribuições para uma psicologia arquetípica.* Petrópolis: Vozes, 2014.

> Podemos entender que a saúde psíquica está justamente na diversidade, na sua plasticidade e riqueza de ofertas de respostas.[155]

As reflexões que ocorreram a partir daí foram inúmeras e me fizeram querer jogar luz no mito de Deméter/Perséfone para além da parte por todos mais conhecida, a saber, a relação (super) protetora da deusa com sua filha, a jovem Core. Desejo aqui refletir um pouco mais sobre como a relação de ambas foi transformada pela ida aos ínferos que cada uma sofreu: Deméter, em sua depressão após o desaparecimento da filha, e Core, na sua ida ao Hades e mudança de identidade para Perséfone. Incluo o termo *catábase*, pois significa justamente o movimento de descida ao território das almas, ao mundo ínfero, sem que a palavra, no entanto, carregue um julgamento ou classificação. Vamos entendê-lo melhor ao longo do caminho dos deuses e heróis. Todo herói que se preze, faz uma catábase; ou seja, é capaz de ir e voltar (*anábase*, ou subida) do mundo das trevas, morrer e renascer.

Essa perspectiva, por si só, já traz para mim uma forma nova de considerar ambos arquétipos: realidades arquetípicas **conjugadas**. Encontrei em Kerényi fundamento a esse pensamento. Diz ele que em Elêusis "as deusas", como eram chamadas, eram concebidas como uma figura dupla, com semelhança de ideias, que se complementavam e se justificavam.

> En esta relación, Perséfone es esencialmente la Core de su madre; sin ella Deméter no sería meter.[156]
>
> [Nesta relação, Perséfone é essencialmente a Core (o grão) de sua mãe; sem ela Deméter não seria meter (matéria)].

Hillman, o poeta das imagens psíquicas, presenteia-nos com a imagem do tandem, uma bicicleta de dois eixos, metáfora de dupla de padrões de relações entre complexos ocorrendo intrapsiquicamente.[157]

Assim, não se pode pensar em Deméter sem se levar em conta Core/Perséfone; não se pode pensar em Core/Perséfone sem se levar em conta Deméter. O mesmo poderia ser observado com Dioniso-Apolo, Hermes-Héstia, Atena-Hefesto, Hermes-Apolo e tantas outras paridades míticas. Tentarei dis-

---

[155] BAPTISTA, S. M. S. Ex-mãe, ex-pai, ex-filho: a data de validade das relações. *Junguiana*: São Paulo, n. 30/1, 2012. p. 14.
[156] JUNG, C. G.; KERÉNYI, K. *Introducción a la esencia de la mitología*. Madrid: Ediciones Siruela, 2004. p. 137.
[157] HILLMAN, J. *Psicologia Arquetípica*. SãoPaulo: Cultrix, 1995.

correr aqui sobre o encontro dessa duas divindades, Deméter-Core/Perséfone, e quem sabe a questão das conjugações ganhe algum sentido, podendo ser ampliada em outras posteriores reflexões. Por hora consideremos essa dupla mãe e filha divinas. Sublinho que ambas divindades não ficarão ligadas para sempre numa relação materno-filial – e isso será fundamental-, mas, antes, sua identidade estará marcada por sua **parceria**, e veremos como, em seu trajeto pelo próprio mito, cada uma delas trilhando o seu caminho.

O MITO

Conta o mito que Core estava colhendo narcisos quando Hades, deus dos Ínferos, fez abrir-se o chão e a carregou para o abismo do mundo inferior. Teria o deus do mundo das almas se interessado pela bela e inocente Core quando veio à superfície pedir ajuda a Apolo para curar uma ferida causada pelo herói Héracles. A segunda e última vez que o deus se fez visível foi na rápida passagem em sua carruagem, com o intuito certo e a ciência do irmão Zeus, de raptar a jovem e fazê-la sua esposa. Somente os gritos de Core foram ouvidos, e apenas por Hécate, a deusa da escuridão, a que tudo percebe.

Deméter, a deusa da terra cultivada, mãe por excelência, ficou completamente transtornada ao se dar conta do sumiço da filha e perambulou pela terra à sua procura, inconformada. Sua vida era pautada pelo cuidado e proteção. As duas estavam sempre juntas e todo o olhar da mãe era dirigido à filha. Core era o tesouro de Deméter, a razão de sua existência. Por sua vez, Deméter era o modelo de feminino para Core, que começava a dar os primeiros passos no mundo da juventude. Esta era ingênua e virgem de malícias.

Deméter, desacorçoada com o vazio da ausência, passa a não cuidar – função primeira na qual pousa sua identidade – de si, de sua aparência, de sua alimentação. Descuida de sua saúde, de seu aspecto físico, de suas atividades. Abandona igualmente seu entorno, a natureza, a terra produtiva. Senta-se em uma pedra – denominada, não por acaso, de *pedra da tristeza* -, e ali permanece imobilizada pela desesperança. Está claro que Deméter entra naquilo que a psiquiatria moderna classificaria como um processo depressivo, deflagrado pela perda da filha. Ou poderíamos dizer que a deusa adentra no que Thomas Moore, parafraseando São João da Cruz (1542-1591), chamou de "noite escura da alma".

> A noite escura pode ser profundamente perturbadora e nos deixar sem saída, exceto talvez pela fé e por recursos que estão além de nossa compreensão. A noite escura exige uma resposta espiritual, não apenas terapêutica.[158]

Nesse momento, Deméter ainda não tem respostas, sejam elas concretas ou espirituais. Somente o peso em seu coração por não poder mais ter a seu lado a pequena criatura a quem deu à luz e cuidou até aquele momento. A separação da filha traz-lhe dores agudas e um desejo intenso de morrer, única possibilidade de reencontrá-la, no mundo das almas.

Tomada por seu autoabandono, a deusa é surpreendida por uma figura cômica: uma mulher de meia idade que dança em sua frente, levantando a saia e mostrando sua genitália, provocando na deusa a quebra do estado catatônico mediante o riso. Baubo (ou Iambo), com seu comportamento inusitado, tira Deméter de sua tristeza profunda, mostrando-nos que o humor é um solvente possível nessa situação dramática. Talvez não apenas o humor, mas essa qualidade ligada ao erótico, ao brincante, ao inesperado, ao catártico. Uma situação semelhante fará parte dos Mistérios Eleusianos relacionados à deusa, em que, em determinado momento do rito, aqueles que serão iniciados são convidados a fazer xingamentos, a rir dos outros e de si mesmos, a expurgar sentimentos ditos negativos, abandonando os julgamentos, para só então adentrar um território de aprendizado sobre a morte e o morrer/renascer com um olhar sem véus.

Deméter ri da outra e de si mesma e pode agora responder às meninas que dela se aproximam e perguntam de onde vem. Deméter conta uma história fantasiosa de que foi assaltada por piratas e que escapou por pouco daqueles homens que iriam violentá-la ou mesmo matá-la. Teria se imaginado raptada, como a filha, numa tentativa de se igualar a ela? Ana Célia Rodrigues de Souza, em sua tese de doutorado na qual reflete sobre a morte e o luto, levanta a pertinente e dupla pergunta que aqui repito:

> Como poderíamos compreender esse curioso relato de Deméter às filhas de Metanira sobre ser sequestrada pelos

---
[158] MOORE, T. *As noites escuras da alma*. São Paulo: Verus, 2009. p. 19.

> piratas? Seria uma reação dissociativa na tentativa de lidar com o rapto de Core? Ou a vivência de empatia da relação, no caso, simbiótica, o que passa com a filha, também é uma vivência da mãe, na fantasia?[159]

A hipótese de identificação com a filha me parece bastante coerente se examinarmos o contexto com mais vagar.

As meninas eram filhas de Metanira, a rainha de Elêusis, região próxima a Atenas, e perguntam se Deméter não estaria disponível para cuidar de seu irmãozinho recém-nascido, Demofonte, uma vez que a mãe estava mesmo procurando alguém para ajudá-la. Não seria esse um acaso providencial? Uma situação que daria à deusa a chance de vivenciar novamente o lugar da mãe, da cuidadora, da que provê amor e proteção? Ela agarra a oportunidade e passa a fazer parte do palácio como ama do pequeno mortal. Mas ainda 'colada' em seu papel materno, tenta imortalizar o bebê besuntando-o em ambrosia e expondo-o ao fogo todas as noites.

O plano não chega ao seu fim, pois a rainha surpreende a deusa nesse ritual e seu grito quebra o encanto. Metanira imagina o filho em risco e não deseja perdê-lo, nem para o Hades -mundo dos mortos-, nem para o Olimpo – lugar dos imortais. Já Deméter, perde uma vez mais. Aquele não era o seu destino: cuidar de um mortal no lugar da filha desaparecida. A ira de Deméter é enorme e ela se faz conhecer como deusa e exige que se construa um templo em sua honra ali, em Elêusis. Novamente é tomada de infinda tristeza e interrompe os ciclos da natureza, impedindo que qualquer planta cresça, que qualquer cria vingue, que toda a vida estanque-se até poder ver novamente a pequena Core.

Enquanto isso, no Hades, Core já não é mais a mesma ingênua e virgem jovem. Ela se fez rainha dos Ínferos ao lado do deus das riquezas profundas. Passou a se chamar Perséfone, uma vez que sua identidade transformou-se. Naquele âmbito, aprendeu sobre o feminino e o masculino, presenciando a visita de heróis ao mundo das almas e toda uma dinâmica própria daquele lugar, tão completamente contrastante com o que conhecia sobre a superfície da terra.

---

[159] SOUZA, A. C. R. *Depressões*: Morte e Luto – uma abordagem mítico-simbólica. 234 f. 2017. Tese (Doutorado). Programa de Pós-Graduação em Psicologia. Área de concentração: Psicologia da Aprendizagem, do Desenvolvimento e da Personalidade – Instituto de Psicologia da Universidade de São Paulo, USP. São Paulo, 2017. p. 111.

Zeus, que tudo vê e sobre tudo rege, preocupa-se com a negativa à vida de sua irmã Deméter e pede que ela reconsidere sua atitude. Porém a deusa está ferida e ressentida e não tem ouvidos a apelos, mesmo do deus maior do Olimpo. Não é assim que ficamos quando nos encontramos num estado de alma semelhante? Ensurdecemos a todos os clamores. A dor nubla-nos outras percepções. Pois Zeus envia Hermes, seu fiel escudeiro, seu leal porta-voz para convencer Hades, "o não visto", o invisível segundo Kerényi[160], a permitir a volta de Core/Perséfone ao encontro com a mãe. Estaria o mito dizendo-nos que é no diálogo com o invisível que se constrói a ponte para o restabelecimento desses dois femininos transformados? Que também Hermes, aquele que põe em movimento e restabelece o fluxo, foi ao mundo das almas para libertar um novo feminino? Que a catábase é a direção necessária para que os ciclos voltem a pulsar?

É nesse instante que algo mágico ocorre: Hades concede o pedido; mas, antes da partida, dá à sua esposa alguns grãos de romã – a fruta semelhante em forma ao aparelho reprodutor feminino, símbolo da fertilidade. Metaforicamente, Hades ao lhe dar a semente, insemina-a, e Perséfone chega ao encontro com Deméter já carregando em seu ventre o pequeno Dioniso.

A meu ver, a cena é mágica porque marca a mudança de status da filha, a ser assimilada pela mãe. Quando uma jovem engravida, ela passa a fazer parte de uma comunidade universal de mulheres que comungam um dos mais poderosos segredos da vida; ela experencia o processo de amadurecimento do feminino como um rito.

É impossível fazer uma catábase – uma descida aos ínferos- sem que se volte transformado. E Deméter sabe disso. Pergunta, assim mesmo, se a filha comeu algo naquele mundo, e a afirmativa confirma: Perséfone não é mais sua filha; é uma mulher que experimentou algo que não veio dela, Deméter; é uma ex-filha. A jovem saiu de seu território de poder. A relação agora necessita outro campo para acontecer, a saber o campo de Eros. Ambas terão que se **re-conhecer.**

A natureza explode em flores e perfumes quando Perséfone e Deméter encontram-se. E aí um novo desenrolar da história poderá acontecer. Sabe-se que Perséfone ficará uma parte do ano com Hades e duas partes com

---
[160] KERÉNYI, K. *Os deuses gregos*. São Paulo: Cultrix, 2000. p. 179.

Deméter, ensinando a todos a experiência cíclica do feminino. Podemos pensar também na necessidade da introversão e ida ao mundo das almas para se balancear o tempo de extroversão e ação no mundo da superfície. Tal situação falaria de um **equilíbrio** psíquico ocorrendo em consonância com o equilíbrio da natureza. Há que se recolher ao silêncio, ao escuro, ao anímico para que a vida pulse e se reanime, para que o grão/semente/Core brote e floresça. O mesmo ocorre todas as noites, quando adormecemos e nos desligamos das luzes da consciência para que a psique encontre-se novamente com Nyx (a noite) e todas as suas criaturas, em especial Tânatos (a morte) e Hypnos (o sono), seus filhos, e nos traga um novo equilíbrio resultante desse pequeno, diário e constante renascimento.

Esse ensinamento do mito é de especial valor em tempos hodiernos em que nos recusamos a fazer esse percurso para dentro, em que o coletivo nos puxa para fora incessantemente através das mídias, do excesso de informações, de opiniões ou de demandas de ação, ou das toneladas de antidepressivos prescritos pelos mais diversos médicos. Tempos de características herculeas, marcados pela interminável lista de tarefas que nos impomos a realizar para... sermos felizes?; termos sucesso?; não deprimirmos? Segundo Hillman:

> Uma sociedade que não permite a seus indivíduos 'deprimir-se' não pode encontrar a sua profundidade e deve ficar permanentemente inflada numa perturbação maníaca disfarçada de 'crescimento'". [...] A depressão é ainda o Grande Inimigo... Não obstante, através da depressão adentramos as profundezas e lá encontramos a alma. A depressão é essencial para o sentido trágico da vida. Ela umedece a alma seca e enxuga a molhada. Ela traz refúgio, limitação, foco, gravidade, peso e humilde impotência. Lembra a morte. A verdadeira revolução (no que toca a alma) começa naquele indivíduo que pode ser honesto com a sua depressão.[161]

Sublinho que a forma como estamos tratando as depressões, como se elas não pudessem ocorrer, patologizando – não no sentido hillmaniano, mas no sentido médico – suas características e medicando seus sintomas, evitando as catábases como se, enquanto coletivo, desejássemos que só houvesse superfície, nada de profundidade, essa forma de pensar e agir

---

[161] HILLMAN, 1995, p. 73-74.

leva a uma violência invisível – às vezes nem tanto – que subverte a ideia de ciclos e fere mortalmente o feminino e tudo o que ele representa. Mas continuemos com o mito.

E DEPOIS?

E o que vem depois desse encontro? Um outro encontro, só que em diferentes moldes. Deméter e Perséfone são figuras centrais nos chamados Mistérios de Elêusis. Estes tratam de cultos dedicados às deusas, em que havia toda uma preparação para a compreensão e aceitação da morte. "Em Elêusis reinava a grande deusa que revelou o mistério da imortalidade por ser mãe e filha ao mesmo tempo, um ser feminino que gerava a si mesma eternamente."[162]

Se antes o encontro de mãe e filha era embasado numa hierarquia de poder, em que a mãe pretensamente detinha sempre a sabedoria da vida, a separação das duas aponta para uma morte dessa forma de vínculo e o renascimento de outra qualidade de relação, agora de parceria, em que as deusas reúnem-se para duas situações que se completam numa nova totalidade:

A primeira é quando Deméter dá a Triptólemo – rei de Elêusis, ou ainda filho de Metanira e Céleo, e, portanto, irmão de Demofonte- a tarefa de espalhar pelo mundo o grão do trigo e ensinar os homens a fazer o pão, alimento universal. Atribui-se a ele também a instituição das Tesmofórias, festas atenienses onde as mulheres pediam pela fertilidade do feminino e da terra. Vejam como esse fato denota uma atitude extrovertida e de desprendimento da deusa, que no início do mito retinha o grão/Core consigo e apenas para si. O grão de trigo é metáfora simbólica da própria Core/Perséfone, e Deméter, após sua depressão e elaboração da perda da filha, pode dividir com o mundo o seu produto.

A segunda situação está no polo introvertido representado por Perséfone, em que a deusa surge, no final do caminho dos Mistérios, numa aparição relatada pelos iniciados, com Dioniso, a criança divina, em seu colo. Não mais mãe e filha, mas deusas, Deméter e Perséfone, cada qual com suas características e sabedorias, compartilham do sagrado.

---

[162] KERÉNYI, K. *Arquétipos da religião grega*. Petrópolis: Vozes, 2015. p. 63.

À maternidade acresce-se, assim, o alimento (o cereal) e o conhecimento do mistério morte-vida, experiência viva de corpo e espírito.

Junta-se a isso o fato de ambas terem tido relações amorosas com Zeus, o maior dentre os divinos. Perséfone seria fruto do encontro de Zeus com Deméter quando os irmãos copularam na forma de serpentes; e Perséfone teria se unido a Hades, também considerado como Zeus Ctônio – Zeus em sua forma telúrica. Há versões que sustentam que os três irmãos – Zeus, Hades e Posídon- representariam três aspectos de uma única e complexa divindade. Portanto, ambas as deusas teriam sido visitadas pelo deus do Olimpo, o regente maior dos deuses e também aquele que abrirá mão de sua regência sem violência, castração ou devoramento em favor de seu filho Dioniso, inaugurando na mítica uma sucessão não pela deposição mas pela doação amorosa – um deslocamento do eixo do poder para o de eros.

Isso é muito significativo, pois essas três divindades, Zeus, Deméter e Perséfone, coroadas com a vinda de Dioniso inauguram um modo novo de relacionamento. Estamos, portanto, no campo das transformações. Deméter e Perséfone seriam expressões extrovertida e introvertida de um mesmo campo propício para a fecundação de Zeus ctônio e nascimento do broto Dioniso, precursor do novo.

INFIRMITAS E *PHARMACON*

Patricia Berry explora com clareza a ideia da *infirmitas* do arquétipo – ideia esta já trabalhada por Hillman em sua formulação da patologia nas figuras míticas -, traduzindo-a assim: "em um e mesmo padrão arquetípico recai tanto a patologia quanto a sua terapia".[163]

Dessa forma, podemos pensar que, se no mito de Deméter a depressão a adoece, será a depressão que a salvará. O mesmo sobre Perséfone: se a permanência na polaridade filha priva-a de crescer e se conhecer, será justamente a proximidade da flor de narciso que a fará ir em direção a si. Deméter necessita perder a filha, aprender a se desapegar, enxergar-se de outra perspectiva para além do cuidar do outro, enquanto Core/Perséfone necessita maternar-se, acolher-se em suas escolhas, perceber-se como

---

[163] BERRY, 2014, p. 35.

singular, mergulhar no profundo de si. Isso para que ambas existam como individualidades (ex-mãe, ex-filha).

Refletindo a respeito desses equilíbrios por meio da concepção homeopática do semelhante curando o semelhante, e olhando para o próprio mito com a intenção de caminhar para baixo e para dentro como convida Berry, enfatizo o proposto formulando o que seria, a meu ver, o *pharmacon* para a *infirmitas* do arquétipo no mito escolhido. Assim, se pensamos no polo Deméter dessa dupla, podemos atribuir a *infirmitas* dessa expressão arquetípica como a dificuldade de separação entre mãe e filha, de deixar morrer a flor para que o grão reapareça como broto, de abandonar ou desapegar-se da função do cuidado com o outro. O símile curativo seria, pois, o cuidar de si e assumir sua majestade, ou, como fez sua filha, parte de si mesma, debruçar-se sobre o narciso e deixar-se encantar pela beleza. Para tanto, necessita praticar o desapego (da filha, do papel de mãe, de seu passado de abusada, da desconfiança nas relações etc.).

No polo Core da dupla, o *pharmacon* para a *infirmitas* de permanência na posição *puer*, dependente e engolida pela mãe, acomodada na posição protegida da filiação, é deixar-se conduzir não mais pelo modelo conhecido, mas pelo inesperado e novo, expresso pela sabedoria profunda de Hades; não temer a angústia da catábase – como experimentou sua mãe –, e acionar a curiosidade soterrada pelo excesso de proteção para voltar a aprender com o outro na sua riqueza e diversidade. O símile curativo está em permanecer tempo suficiente no território senex para se transformar e ganhar nova identidade.

Mas, para além do par Deméter-Perséfone, proponho que **Hécate** seja considerada. A deusa que ouviu os gritos de Core ao ser raptada poderá ser de grande ajuda no processo de mergulho de Deméter em direção a si, bem como de Perséfone na incorporação de sua nova identidade. Na verdade, a deusa tripla como é conhecida, retratada com três rostos que olham em três direções, portadora de tochas, partilhava da terra, do mar e do céu estrelado. De ascendência titânica, segundo Hesíodo, era filha de Perses e Astéria, prima-irmã por parte de mãe de Apolo e Ártemis. Sua proximidade com a lua a faz também próxima da deusa caçadora. E assim como Perséfone, era identificada como senhora do Mundo Subterrâneo.

Como *pharmacon* da *infirmitas* de Deméter-Perséfone, a deusa pode apontar para a necessidade de uma consciência lunar, iluminada apenas pelas tochas, e o deixar-se guiar pela intuição. Kerényi lembra de um epíteto de Hécate: Fósfora, a "portadora de luz".[164]

Hécate é a velha sábia que testemunha Deméter no campo do poder – no seu exercício e na sua perda. Confirma o rapto. Neta de Euríbia – deusa de ampla força, aqui entendida exatamente como poder – e bisneta de Geia, está intimamente ligada à terra. E representaria a terceira face das duas deusas, formando um quatérnio do feminino: Core – a jovem virgem -, Perséfone – a jovem rainha -, Deméter – a senhora madura – e Hécate – a velha senhora. Hécate, filha de Perses, traz em si o mundo subterrâneo que Deméter teme e odeia por ter retirado dela seu bem mais precioso, sua filha Core; mas é também soberana nos âmbitos do mar e do céu, consagrando assim sua qualidade de deusa tríplice.

Hécate é também o símile capaz de curar Deméter da reativa e excessiva extroversão e convidá-la a buscar sua Perséfone interior nas próprias profundezas. Por outra faceta, representa o símile curativo de Perséfone, ampliando os caminhos da deusa dos ínferos naquilo que ensina como deusa das encruzilhadas que perambula pela terra. Formam, a meu ver, uma tríade incorruptível – considerando Core-Perséfone como duas faces de uma mesma divindade –, um tripé feminino.

CONSIDERAÇÕES FINAIS

Não é possível olhar para a forma como a depressão está sendo definida, diagnosticada, demonizada e medicada, e simplesmente acreditar que se trata de um mal de nossos tempos. Na verdade, o adoecimento da alma é um mal de nossos tempos, e **a depressão é o símile que busca a cura**. Isso fica claro quando voltamos a nos debruçar sobre os mitos e vemos ali formas de expressão da alma humana que não deixam dúvidas sobre o caminho das transformações.

O que de fato cura, na minha perspectiva, é o encontro. E este tem um importante adjetivo: amoroso. Repito: o que cura é o encontro amoroso, no

---

[164] JUNG, C. G.; KERÉNYI, K., 2004, p. 138.

qual, é bom que se ressalte, "curar" significa não "voltar à estaca zero", "ser como era antes", "ficar novo em folha", mas maturar, amadurecer no sentido não teleológico, mas vivencial. Eu amadureço na medida em que incorporo em mim minhas experiências, as leves e as pesadas, as de alegria e as de tristeza e dor, as de sanidade e as de loucura. O que cura, portanto, é Deméter com Demofonte, é Deméter com Baubo, é Core com Hades, é Perséfone com as *eidola* dos heróis, é a reunião de Core-Perséfone, Deméter e Hécate.

Depressão ou catábase? Se o *pharmacon* da *infirmitas* de Deméter/Perséfone pode ser considerado a figura de Hécate, essa tríade parece apontar para uma "saída", diriam os adeptos de uma visão finalista, ou para uma "entrada em outra dimensão", para os que, como eu, preferem entender o movimento da psique de modo espiralado. Uma outra oitava na música do caminho. As três deusas separadas com o rapto se unem no fim e permanecem juntas respeitando os ciclos e incluindo Hades. Para viver a depressão, ou para fazer a catábase, é preciso incluir Hécate e o que ela representa, é preciso não excluir Hades e o que ele representa. O que significa isso? Sair da negação e lamentação do rapto (Deméter), escutar e sintonizar com o escuro, com a dor, segurando as tochas da intuição(Hécate), viver a descida, entregar-se, aceitar o novo contido nas trevas (Perséfone) e respeitar e acolher o que se recebe do diferente (Hades).

> Si el grano de trigo que ha caído a tierra no muere, permanece solitario; pero si muere, lleva mucho fruto. Trigo y lechón, tragados por la tierra y destinados a la podredura, indican un acontecimiento mitológico y, vistos a partir de este acontecimiento, se vuelven claros y transparentes.[165]
>
> (Se o grão de trigo que caiu na terra não morre, permanece solitário; mas se morre, frutifica. Trigo e leitão, tragados pela terra e destinados ao apodrecimento, indicam um acontecimento mitológico e, vistos a partir deste acontecimento, se tornam claros e transparentes.)

Em outras palavras, e isso já está dito por Jung em seus estudos com a alquimia, a *putrefatio* é absolutamente necessária como parte integrante do processo de transformação, e o mito de Deméter-Perséfone-Hécate aponta-nos um caminho de como viver essa morte, essa catábase de modo

---
[165] Ibidem, 2004, p. 147.

frutificante. Uma nova e fértil relação foi possível para além dos papéis que encarnaram no início de sua história. Dos rituais de Elêusis, os Pequenos e Grandes Mistérios, pouco sabemos, quase nada; mas o que nos chegou dá conta de um vir à luz de Dioniso, coroando o processo de aprendizado profundo sobre o morrer e o renascer; Dioniso, o quarto regente, talvez o deus que mais soube expressar a diversidade, a multiplicidade, a complexidade da natureza divina e humana, por suas passagens por inúmeros ciclos.

Arremato esses pensamentos com Manoel de Barros, para mim um mestre do cultivo da criança na alma do adulto, um sábio na conjugação do profundo com o ordinário e que talvez possa nos regar com sensações provocadas por essa linda imagem poética.

Ascensão

Manoel de Barros[166]

Depois que iniciei minha ascensão para a infância,

Foi que vi como o adulto é sensato!

Pois como não tomar banho nu no rio entre pássaros?

Como não furar lona de circo para ver os palhaços?

Como não ascender ainda mais até na ausência da voz?

(Ausência da voz é infantia, com t, em latim.)

Pois como não ascender até a ausência da voz –

Lá onde a gente pode ver o próprio feto do verbo – ainda sem movimento.

Aonde a gente pode enxergar o feto dos nomes – ainda sem penugens.

Por que não voltar a apalpar as primeiras formas da pedra. A escutar

Os primeiros pios dos pássaros. A ver

As primeiras cores do amanhecer.

Como não voltar para onde a invenção está virgem?

Por que não ascender de volta para o tartamudo!

---

[166] BARROS, M. *Tratado geral das grandezas do ínfimo*. Rio de Janeiro: Record, 2001. p. 41.

REFERÊNCIAS

BAPTISTA, S. M. S. Ex-mãe, ex-pai, ex-filho: a data de validade das relações. *Junguiana*: São Paulo, n. 30/1, 2012.

BARROS, M. *Tratado geral das grandezas do ínfimo*. Rio de Janeiro: Record, 2001.

BERRY, P. *O corpo sutil de Eco – Contribuições para uma psicologia arquetípica*. Petrópolis: Vozes, 2014.

BRANDÃO, J. S. *Dicionário Mítico-etimológico*. Petrópolis: Vozes, 2000.

HILLMAN, J. *Psicologia Arquetípica*. São Paulo: Cultrix, 1995.

JUNG, C. G.; KERÉNYI, K. *Introducción a la esencia de la mitología*. Madrid: Siruela, 2004.

KERÉNYI, K. *Os deuses gregos*. São Paulo: Cultrix, 2000.

_____. *Arquétipos da religião grega*. Petrópolis: Vozes, 2015.

_____. *Eleusis:* Archetypal image of mother and daughter. Princeton: Princeton University Press, 1991.

MOORE, T. *As noites escuras da alma*. São Paulo: Verus, 2009.

SOUZA, A. C. R. *Depressões:* Morte e Luto – uma abordagem mítico-simbólica. 234 f. 2017. Tese (Doutorado) – Programa de Pós-Graduação em Psicologia. Área de concentração: Psicologia da Aprendizagem, do Desenvolvimento e da Personalidade – Instituto de Psicologia da Universidade de São Paulo, USP. São Paulo, 2017.

GLOSSÁRIO*[167]

ALTERIDADE

A palavra *alter* vem do latim e significa "outro". Esse termo é empregado por C. Byington para designar o que ele chama de padrão de desenvolvimento da consciência que capacita o ego a relacionar-se plenamente com o outro. É um conceito que tem lugar dentro da psicologia simbólica na qual se leva em conta, além da relação entre o arquétipo e o símbolo estudado, também qual o padrão de consciência no qual o símbolo está desempenhando sua função. O padrão de alteridade tem como principal característica a capacidade criativa face ao confronto de opostos.

O termo foi apropriado por pós-junguianos que se referem a ele como uma possibilidade de relacionamento em que o eu e o outro não mais se opõem, mas compõem nas suas visões distintas – não mais "ou, ou", mas "e".

ANIMA E ANIMUS

São a personificação da natureza feminina inconsciente no homem e da natureza masculina inconsciente na mulher. A função natural da *anima*, assim como do *animus*, consiste em estabelecer uma relação entre a consciência individual e o inconsciente coletivo, nas suas qualidades de vincular e de agir no mundo. São considerados psicopompos, ou seja, pontes ao inconsciente.

---

[167] *Este glossário foi confeccionado a partir de definições e citações retiradas da obra de C. G. Jung e aqui parafraseadas, originalmente compondo o livro *Maternidade & Profissão- oportunidades de desenvolvimento* de minha autoria, e com algumas modificações para esta edição. Ele visa apenas a esboçar conceitos presentes nos ensaios e se dirige aos leitores sem muita familiaridade com a linguagem da psicologia analítica, ou dita junguiana. BAPTISTA, S. M. S. *Maternidade & Profissão- oportunidades de desenvolvimento*. São Paulo: Casa do Psicólogo, 1995. p. 131-136.

ARQUÉTIPO

Arquétipos são formas típicas de apreensão. Entramos em contato com essas realidades por meio de suas manifestações. São possibilidades dadas a priori das formas de representação. Como molduras de quadros que podem se desenhar de infinitas maneiras. Não se herdam as representações, e sim as formas. Chamam-se representações arquetípicas as imagens que se encontram em fantasias, sonhos, ideias em que se encerram temas sempre encontrados em mitos, contos, histórias da produção universal. A imagem primordial ou arquetípica é sempre coletiva, comum a povos inteiros ou a repetidas épocas. O arquétipo é uma imagem conectada com a vida individual pela ponte da emoção. Os grandes problemas do humano estão sempre relacionados às imagens primordiais do inconsciente coletivo.

COMPLEXO

Os complexos são manifestações vitais próprias da psique e reveladores da estrutura desta. São imagens com forte carga emocional, dotadas de poderosa coerência interior e tonalidade afetiva própria, e gozam de um grau relativamente elevado de autonomia. Funcionam como personalidades fragmentárias ou parciais, e são responsáveis por nossos sonhos e sintomas.

CONIUNCTIO

Significa união, conjugação, em oposição a **Disiunctio** – fragmentação, multiplicidade. Esse termo geralmente vem associado à ideia de união dos opostos (*unio oppositorum*) e ao chamado *hierosgamos*, ou casamento sagrado, relacionados ao produto de um processo de transformação psíquica. A *coniunctio* é uma espécie de superação das antinomias, em que o homem não se dissolve na multiplicidade contraditória das possibilidades e tendências que o inconsciente lhe aponta, mas pode, antes, tornar-se a unidade que abrange toda essa diversidade. Dentro do processo alquímico – estudado por Jung – a *coniunctio* é apenas uma etapa, na qual o caminho para a fusão é expresso pelas núpcias do homem vermelho com a mulher branca, isto é, do Sol com a Lua. Em termos psicológicos, a *coniunctio* corresponde ao significado central da transferência no processo psicoterapêutico e nas relações humanas de modo geral.

CONSCIÊNCIA

É uma imagem interior do processo objetivo da vida. É um estado que emana das profundezas desconhecidas. A possibilidade de ampliação da consciência vem da capacidade de viver problemas e, portanto, dúvidas, caminhos divergentes e sacrifício de uma posição natural e segura. O processo de investigação psíquica diz respeito justamente a essa ampliação, ou integração de conteúdos na consciência. É importante lembrar que, antes de se tratar de conhecimentos puramente intelectuais, a consciência diz respeito a *scire* – um saber, um ver – acoplado a *cum* – com, juntamente- o que lhe dá o caráter de experiência do conhecimento relacionado, dual.

ENANTIODROMIA

Significa "passar para o lado oposto". É um conceito retirado da Filosofia que discorre sobre o jogo de contrastes de um acontecimento. Aplicado na psicologia, indica o movimento que se dá toda vez que se observa na vida consciente a predominância de uma direção unilateral extrema. Pode ser descrito como um movimento pendular, no qual a oscilação para um dos lados causa um deslocamento complementar para o lado oposto. Esse duplo movimento é inerente à natureza do pêndulo.

EROS E LOGOS

Eros é um princípio feminino cuja função é relacionar, unir. Eros é entrelaçamento, é relacionamento, colocar-se em relação.

Logos é um princípio masculino cuja função é de discriminação, divisão. Logos é o verbo, é conhecimento diferencial, é clara luz, é distinguir e reconhecer.

INDIVIDUAÇÃO

É o termo que designa um processo por meio do qual a pessoa tende a tornar-se um ser realmente individual e singular, único. É o caminho para ser aquilo que se é. Implica na ampliação da esfera da consciência e da vida psicológica consciente, sem desconsiderar a dimensão do mistério que compõe a psique.

INCONSCIENTE

É a totalidade de fenômenos psíquicos em que falta a consciência. É a base da consciência de uma natureza criativa, capaz de atos autônomos, de ação independente. O inconsciente pessoal é o receptáculo de conteúdos subliminares, lembranças perdidas e conteúdos que ainda não conseguem se tornar conscientes -e talvez nunca o consigam-, bem como conteúdos reprimidos de representações e impressões penosas. O inconsciente coletivo é formado pelos instintos (formas típicas de comportamento) e pelos arquétipos, ou seja, conteúdos de caráter universal.

PUER-SENEX

Trata-se de dois arquétipos conjugados evidenciando a energia da juventude (*puer*), ao lado da senescência (*senex*); o novo e o velho em todas as suas implicações.

SELF

É o centro ordenador e unificador da psique total. Abarca consciente e inconsciente, sendo portanto uma personalidade que também somos. É a personalidade global que existe mas não pode ser captada em sua totalidade. Nossa imaginação não é capaz de ter uma imagem clara do que somos enquanto *Self* (ou si-mesmo), uma vez que a parte não pode compreender o todo.

SÍMBOLO

É a melhor formulação possível de uma coisa desconhecida; a melhor expressão para o que é intuído mas ainda não sabido. Enquanto um símbolo é vivo, ele é a expressão de uma coisa que não tem outra expressão melhor. E ele só é vivo enquanto está prenhe de sentido. Não se pode criar um símbolo a partir da vontade consciente, pois ele só conterá o que nele for posto, constituindo-se assim num signo (expressão de uma coisa conhecida). O símbolo, pois, não é uma alegoria nem um sinal, mas uma imagem de um conteúdo em sua maior parte transcendental ao consciente. Ele possui o valor de uma parábola: não dissimula; ensina.